文庫ぎんが堂

怖すぎる実話怪談
鬼哭の章

結城伸夫
＋逢魔プロジェクト

まえがき

早くも、この怖すぎる実話怪談シリーズは、六冊目を刊行できることになりました。年に一冊、まるで七夕のように読者と巡り会えることは、望外の喜びです。

今回も、膨大な数の実話怪談投稿の中から、選りすぐったゾクゾクする恐怖体験、ドキドキする不思議体験をお届けします。

書籍化するにあたっては、ストーリーをさらに「濃く」「深く」するために、多少筆を入れさせていただいております。

毎年の出版を通じて思うことは、怪談という難しい素材を巧みに語り、文章に綴り、映像に昇華する才能豊かな方々が少しずつ増えているという実感です。

これは怪談というエンタメジャンルに可能性があり、進化を続けているという証左だと思います。

表現者それぞれが自分なりのポリシーを持ち、それを個性として活躍されているのを目にするにつけ、ライバルというより応援の拍手をおくりたいと思ってしまいます。特に、ネット上の動画配信、個人放送、ＳＮＳなど、新たなメディアを駆使することにより、怪談はもっと面白い領域を手にするのだと思います。

とはいえ、筆者は最もベーシックな書籍というメディアを最優先に置いています。待ち望んでいた一冊を手にしたときの喜びと期待は、書籍に勝るものはないからです。

手に取ったときの本の重さ、装丁の美しさ、ページ毎に立ち上るインクの匂い。そして、読み進むほどに頭の中にイメージできる『怪異の舞台』。書籍にしかできない怪談世界が大好きです。

そして、読者諸氏にそれを共有してほしい、と心から願っています。

今回も特別寄稿カテゴリーを設け、怪談界で活躍されている著名な作家の方々に寄稿をお願いしました。この本のためだけに書き下ろしてくださった怪奇談です。どうぞ、小さな贅沢をお楽しみください。

最後に、今回のシリーズ六冊目を実現していただいたイースト・プレス社と理解ある編集者の北畠夏影氏に心から感謝の意を表したいと思います。

逢魔プロジェクト主宰　著者　結城伸夫（雲谷斎）

怖すぎる実話怪談　鬼哭の章

目次

視聴

縛

感

異

特別寄稿

視

見えることを恨みたくなるモノと遭遇することがある。
網膜に投影するものすべてが、実在するものとは限らぬ。
すぐ傍まで、闇よりも深い何かが近づいて来ているのかも……。

天空の城

どうやら自分には、ファンタジー系の出来事がよく起こるようだ。

この話は、童話のように夜空に出現した巨大な物体の目撃談。

あれは忘れもしない小学校三年生の夏休み。

私の家族と友達とでキャンプに行った帰り道でのこと。それは北海道札幌市の上空に突如出現した。

私と弟と友達は、父が運転する車の後部座席に座っていた。

母は助手席にいて、キャンプでの思い出話などをしながら、すっかり日が暮れた夜の道を自宅に向かって走っていた。

徐々に見慣れた風景が車の窓から見えてくる。

（ああ、もうすぐ家に着くんだなぁ……）

少し残念な気持ちで、後部座席の窓から外の景色をぼんやりと眺めていた。

そんな時、突如、上空に巨大な城が現れた。

いきなり有り得ないものを見てしまったので、その時の衝撃はかなりのものだった。

しかし、不思議なことにみんなのリアクションはない。あんなに巨大なものが見えていないというのか。

もしかして、これは気球とか映像投影とか、何かのアトラクションではないかと思い、気づいていないみんなに訊いてみた。

「ほら、あれ凄いよね？　どうなってるのかなぁ」

「ええ、何が？　何のこと。お前何言ってるの？　何もないよ！」

みんなは口を揃えて否定するが、私の目にはハッキリと映っていた。

これはとぼけて自分を騙しているのだと思い、必死にその情景を説明した。だが、どうやら本当に誰にもそれが見えていない様子。

最終的には、訳のわからないこと言うなと笑われてしまった。

ジブリの映画にある『天空の城ラピュタ』は、まだその時は知らなかった。

後になってラピュタを見た時、空に浮かぶという意味では自分が見たものと似ていると思ったが、それとは形がかなり違っていた。

自分が見た城はゴツゴツとした巨大な岩が土台になっていた。その上に教会のような三角屋根の洋風な建物がいっぱい建っていたのだ。

さらに、それら全体が自ら光を放っているようで、夜の暗い空にライトアップされたように鮮明に浮かんで見えたのだ。

大きさは東京ドームくらいはあったと思う。

そんな途方もないものが、フワリと浮いていた。

もちろん家族はもとより、友達も信じてくれなかった。夏休みの絵日記にも描いたが、先生にも夢を見ていたんだねと言われた。

間違いなくこの目で見たにも関わらず、誰も信じてくれない。それがすごくショックで、あの出来事は自分の記憶の中に封印することにした。

それから何年も何年も経った。

もうそんなことは脳裏の片隅からも消えかけていた。

そんなある日、大人になってから親しくなった同い年の友人が、とんでもないことを言い出したのだ。

「お前なら信じてくれそうな気がするんだよなぁ。どうしようかなぁ……」

唐突に、思い詰めたように口を開く。

「え？　何だよ、いいから話してみろよ」

どうせ、たわいもない心霊話だろうと思って先を促した。

「あのさぁ、みんな笑うんだけど、俺、小学三年の時、空飛ぶ城を見たんだよね」

その一言で私は固まってしまった。

事情を知らない友人は、そんな私を不思議そうに見詰めていた。


私は一度もその話を他人にしたことがなかった。

住んでいる場所も違うこの友人が、そのことを知るはずがない。

もう一度よく話を聞き、自分の記憶と重ねた。どうやら同じ日、同じ時刻、同じ方角に同じものを見ていたということが発覚した。

子供の頃の私の話を、あの日の誰かがこの友人に話したという可能性もなくはなかったが、細かい情景まで見事に一致していたので、間違いなく友人も見ていたのだと思う。

このタイムマシンのような展開に、友人も大層驚いていた。

もしかして、あの〝城〟が私とこの友人を、巡り合わせてくれるように図ってくれていたのかという運命めいたものさえ感じた。
何年か経った今では、彼がいちばんと言える親友になっている。

投稿者　古田昌大（男性・北海道）

一人だけの観客

高校を卒業した年に、哀しいような不思議体験をした。

当時、十八歳だった私は、友人とビートルズのコピーバンドを組もうとしていた。夜の十一時ぐらいに、私がギター、友人がベースを持って大阪の旭区を流れる淀川の堤防に行った。

その夜も蒸し暑く過ごしにくかったが、河川敷なら少しは涼しいうえ、少々大きな声で歌っても近所迷惑にならないだろうと思ったのだ。

辺りは町の明かりで薄ぼんやりと照らされている。二人で堤防に腰掛け、ビートルズの曲を弾きながら歌っていると、ふと人の気配を感じた。

私の左側、二十メートルほど離れたところに、高校生ぐらいの女の子が立っている。女の子を見つけてからも、私たちは気にしない風を装って歌っていた。

彼女がいない私としては、その子が私たちの歌を聴いてくれているような気がして、本当は気になって仕方なかった。

それからも友人と二曲ほど歌った。あの子は聴いてくれているのかな？　と左側を見ると、なんと女の子は五メートルほどの距離に近づいて来ていた。

相変わらず黙って立っているので、私は思わず声をかけてしまった。

「そんなところに立ってんと、こっち来て座って聴いてくれた方が嬉しいけどなぁ」

「あほ、声かけてどないすんねん」

まじめな顔をして、友人は小声で私に言った。

「バンドマンが女に声もかけられんかったらあかんやろ。ファン第一号かも知れんぞ！」

そう言って私は女の子を手招きした。

彼女は少しうつむいたまま、恥ずかしそうにこっちに来て私の左隣に腰掛けた。

顔を見ると清楚で可愛いく、この辺では見たこともない子だったが、私は一目惚れ寸前という気持ちになってしまった。

「近くに住んでるの？　バンドとか好きなん？」

これをチャンスに色々と話しかけたのだが、彼女は「うん」とか「はい」とか、相槌は打つものの一向に話が盛り上がらなかった。

なんとかしなければと右隣の友人に「お前も何かしゃべれよ！」とけしかける。

「そやなぁ、ビートルズで好きな歌とかある？」

そこで初めて反応があった。

「ＬＥＴ　ＩＴ　ＢＥ……かな」

小さな声でそう答えたので、私たちはよっしゃ！　とばかりにギターとベースを弾きながら私が歌った。

一生懸命歌い終わって彼女の様子を窺うと、少し嬉しそうに見えた。

そんな表情に安心して、私は調子にのった。

「いやぁ、こんなとこで、こんな可愛い子と出会うなんて思ってなかったわ。お前もそう思うやろ？」

そう言って友人に同意を求めた。


すると、友人は俯いたまま小刻みに震えている……。

私はそんな友人の態度を見て、空気が読めんヤツだなと思った。そんな友人に構わず、私は話を続けた。

「そや！　電話番号教えてくれへん？　今度また会いたいやん」

核心的なことを言い放つと、彼女は少し悲しそうな表情になった。

（しまった！　焦り過ぎたか……まだ電話番号は早いか……？）

少し悔やみながら、話題を変えようと思って友人に振った。

「お前、どないしてん？　なに照れてんねん」

そう突っ込みながら「こいつ、ちょっと照れとんねん！　気にしなや」と言って、彼女の方を振り向いた。

だが、そこには誰もいなかった。

ええっ？　と思って回りを見渡しても、どこにも彼女の姿はない。

いつ帰ったのだろう？　走ったとしても早過ぎると思いながら、頭の中はまさしく〝？〟マークだらけだった。


すると、ずっと黙っていた友人がいきなり叫んだ。

「帰るぞ！　やばいから早く逃げようぜ！」

唖然としている私の肩をドンと叩いて、先に立ち上がる。

「いいから早くギター片付けろ！」

私は訳がわからないまま、急いでギターを片付けた。

その場から逃げるように堤防を下り、公園を出たところでやっと友人に声をかけた。

「どないしてん？　急に？」

「あほか！　まだわからんのか？　真夏の夜中に、冬物のセーラー服着てる女の子なんかいてる訳あらへんやろ！」

友人に指摘されてハッとした。確かに、彼女は黒い冬物のセーラー服を着ていた……。

それでも私は半信半疑で、まだ出会いを諦めきれていなかった。

「冬服着てるからって、幽霊とは限らんやろ！　めっちゃ可愛かったのに……」

友人は私の言葉に被せるように言った。

「お前がこっち向いて俺に話しかけてきた時、火の玉みたいなもんが飛んでいったんや！　そしたら、あの子も消えてしもてたんや！」


あの子が本当に幽霊だったかどうかは、私にはわからない。

ただ、どんな顔をしていたのかは、今はまったく思い出せないのだ。

投稿者　かずひろ（男性・東京都）

赤いヘルメット

家の中に、どういう訳か気味が悪いと思う場所はないだろうか。

それも感受性豊かな子供ならば、その怖さはさらに増幅されるだろう。


私がまだ小学生のとき、岡山県勝田郡の祖父母の家に住んでいた。

その頃の私は、幽霊や暗闇がやみくもに怖いと思う臆病な子供だった。

そんな私だから、家の暗い廊下の突き当たりにある古い洗面所は、何か物の怪でも潜んでいそうな雰囲気を醸し出していて、いちばん寄り付きたくない場所だった。夜寝る前の歯磨きのときは、いつも父について来てほしいとせがみ、怒られながら歯磨きをするという毎日だった。

ある日のこと、いい加減面倒臭くなっていた父に、いつまでも小学生のくせになんだと怒られ、泣く泣く一人で洗面所に行く羽目になった。

時間は十時くらいだったと思う。冬だったので肌寒く、よけいに恐怖心が増していた。

さっさと済ませて、父のいる暖かい部屋に戻ろうと思った。歯ブラシを手荒く掴むと、いい加減に素早く歯磨きを終わらせようとした。

洗面所の横には階段があり、その辺りは真っ暗なので見ないようにして、必死に手を動かした。

怖い、怖い、怖い……無性に怖かった。

やっと歯ブラシを置き、口をゆすぐためにコップを手に取った。

訳のわからない恐怖で手が震え、カチカチと歯にコップのふちが当たる。必死になってコップの水を含んでは吐いていた時だった。

ふと、何気なく目の前にかけてある鏡を覗いた。

鏡には左右対称に大きな白い戸棚が映っている。ここには工具などがしまってあり、その上の棚には父のバイクのヘルメットが幾つも置いてあった。

そこには一緒に乗る、私の小さな赤いヘルメットも置いてある。

その赤いヘルメットに違和感があった。

ヘルメット類は横の棚にあるので、ヘルメットの側面がずらっと映るはずだった。だが、私のヘルメットだけが、なぜか洗面所の鏡の方を向いていた。

（うん……？）

口に含んだ水を吐き出し、もう一度鏡に顔を近づけて覗いてみた。

私は鏡に映るそれを見て、我が目を疑った。


赤いヘルメットの中に、見知らぬ男の生首が入っていたのだ。


私は金縛りに遭ったかのように、その場で固まってしまった。

魅入られたように、鏡に映る生首の生気のない目を見詰め続けていた。

というか、恐怖で動けなかったのかも知れない。

想像を超えた有り得ないことが起きると、子供ながらにも理解不能の顛末にどうしていいかわからなかったのだと思う。

ともかく、私はその生首の気味の悪い目に射すくめられてしまっていた。

（ああ、どうしたらいいの？　私はこのまま死ぬの……？）

そんな絶望的な思いにかられていると、男は生首の断面からドロリとした血を垂らし、紫色に変色した唇でニヤッと笑いかけてきた。

その瞬間、やっと私は我に返った。

手にしていたコップを洗面所に叩きつけるようにして置くと、無言のまま引き攣《つ》った顔で父のいる部屋へと走った。

「うるさいなぁ、何を走ってるんだ！」

テレビに釘付けだった目をこちらに向けて、父はたしなめるように口走った。

だが、そんな小言など、恐怖でガタガタと震える私には聞こえないも同然だった。

「どうした？　おまえ、顔真っ青だぞ」

「く……くびが、くびが……」

父は不思議そうに私の顔を見たが、私はちゃんと答える余裕などなく、口をパクパクさせながら、途切れ途切れに訳のわからないことを呟くのがやっとだった。


次の朝。

私は勇気を振り絞って、棚の上のヘルメットをそっと覗いてみた。

だが、そこには血の痕などなく、男の生首が入っていた形跡もなかった。

さらにヘルメットは洗面所の方ではなく、ちゃんと正面の壁の方向を向いて置かれていた。

私が昨夜見たものは、怖いと思う私の恐怖心が生んだ幻覚だったのか、それとも本当に一瞬でも、あれを見てしまったのかは知る術もない。

しかし、今も鮮明に思い出されるのが、あの男の顔。

短い黒髪に少し垂れた目、こけた頬に張り付くような薄い唇……。

これほど鮮明に覚えている男の顔が、果たして幼い私の妄想で生まれるのだろうか……。

投稿者　藍（女性・岡山県）

訳あり部屋

ホテルには、〝訳あり部屋〟というものが存在することが多い。

もちろん秘密にされているが、こんな部屋に案内されると大変な目に遭うことも。


昔、出張で横浜から大阪に何度か行ったことがある。

あれは八月後半の暑い夏の日。夜になってホテルにチェックインし、荷物を置いてから夕食をとるために外出した。

今はもうホテルの何階で何号室だったかも覚えていないが、飲み物を手に部屋に戻るためエレベーターに乗った。

宿泊階に着き、カードキーを使ってドアを開けた。

カードキーは室内のホルダーに差し込むと、部屋の照明が点くタイプ。部屋に入ってすぐ左にトイレとユニットバスがあり、奥にベッドがある。

そこに見知らぬ女が、ユニットバスのドアに寄りかかり、足を投げ出して座っていた。

しかも、顔はボコボコに殴られたように赤く腫れている。そして全裸。

これには本当に驚いた。

きっと、夕食で外出している間に、誰かに襲われて逃げ込んで来たのだと思った。

その時はオートロックの鍵のことなどすっかり忘れていた。

「あの、大丈夫ですか？」

声をかけてから、女の足をまたいで部屋の電話まで移動して、フロントに連絡した。

知らない女が顔面を腫らして裸で座っているので、救急車を呼んで、直ぐに部屋に来てほしいと慌てふためいて伝えた。

電話を切って、もう一度振り返ると、そこに女がいない。

あれ？　と思った。ユニットバスのドアの隙間から、点けた覚えがない明かりが漏れていた。もしかして中にいるのかと思い、恐る恐るドアを開けたが姿はない。

部屋のドアを開けて外に出たとしても、ドアが閉まる音はしなかった。しかも、女は怪我をしているうえ、全裸姿だ。

すぐ廊下に出て辺りを見回したが、左右に延びる廊下は静まり返っているだけ。念のためにエレベーターホールにまで行ってみたが、どこにも女の姿はなかった。

ちょうどその時、エレベーターが上がってきた。

中からホテルの男性従業員が三人、慌てて降りて来る。

その場で事細かに状況を説明した。すると、ホテルのマネージャーらしき者が、女性は大丈夫ですからと言う。

姿も確かめていないのに、なぜ大丈夫だと言い切れるのか、訳がわからなかった。

さらに、すぐ部屋を上階の広い部屋に代えると申し出てきた。

首を傾げるような展開に、（まさか……幽霊？）と思った。

何か隠していることがあるのか、部屋を代えるという理由を訊き出そうとしたが、微妙な作り笑いのマネージャーは、はぐらかす事しか言わない。

女性は大丈夫です、部屋を代えましょう……の一点張りで、話が噛み合わなかった。

何か事情があるのは明白だった。だんだん気味が悪くなってきたこともあり、従業員の一人と部屋に入り、荷物をまとめて部屋を出た。

上階の部屋に移動するとき、その従業員にも問い質したが、最近働きはじめたばかりで何も知らないと言われてしまった。

チェックアウトの際、ホテルで出しているレトルトカレーのセットまで貰った。
これは、どうぞ内密にという意味だったのか……。

投稿者　katsu（男性・神奈川県）

納車

むっとするようなある夏の夜。

納車の仕事で走っている時、茨城と福島の県境辺り、国道六号線でそれは起きた。

車に関わる仕事といっても展示販売ではなく、オーダーをもらってからオークションで買い付けてくるというスタイルのものだった。

流通マージンがないので、販売価格は安くなる。

田舎が岩手ということもあって、けっこうそっち方面からのオーダーがあり、二か月に一度の割合で岩手方面に走っていた。


今回もある岩手方面の知人からオーダーが入った。事故車でもいいから、とにかくこの指定した車に乗りたいという。

しかし、程度のいい車を探すとなると、とても予算に合わない。

修復歴ありとか、事故歴ありとか、やはり訳あり車でなければ無理だと伝えると、かまわないから探してくれとの返事。

そこで、プロ用のオークション会場で、なんとか一台落札した。

茨城ナンバーが付いていたその車は、まだ車検も残っていた。通常よりかなり安く仕入れることができ、修復歴ありの車ということで成約した。

納車整備は千葉で済ませ、ナンバーの登録は岩手で行うことにした。国道六号線で仙台まで出て、いつものように東北道泉ICから高速に乗ることにした。

千葉を夜の十一時に出発したが、仙台までは夜間でも五、六時間はかかる。夜中の国道六号線は信号も黄色点滅となり、トラックも多く、けっこう速く流れていた。

順調に六号線を走り、時刻は二時を過ぎた頃。ちょうど福島県との県境付近だっただろうか、晴れた昼ならば右側に太平洋が広がり、気持ちの良いシーサイドドライブになる。

しかし、今は闇に包まれた深夜。気温は高く、辺りは霧に包まれたようにモワッとした空気に包まれていた。

眠くなる時刻だったが、何とかこらえながらハンドルを握り続けた。

ヘッドライトが、延々と続く左側のガードレールを照らし出す。そのガードレールは、三段になった丸いパイプ状のもので、所々に町章がデザインされていた。

ぼんやりとした頭で運転していると、ガードレールに何か白っぽいものが、サァーっと流れる気配があった。

(ん？　何かいたか……？　ガスっているから、何かの標識かもな)

その程度の認識だった。

また少し走っていると、今度は同じガードレールに不可解なものを見かけた。

水色のスカート、白いシャツを着た女の子が、腰掛けて足を前後に揺らしている……。

スピードもけっこう出ていたので、あっという間に視界から消え去った。

目の錯覚だろうと思った。

(こんな時間に子供？　ウソだろ。俺、寝惚けてるのかな……)

たった今、目にした光景が信じられなかった。

あまり気にせず走っていると、今度ははっきりとヘッドライトが照らし出した。

あの女の子だった。

さっきと同じ格好で、左のガードレールの上に腰かけ、足をブラブラさせながらこっちを見詰めている。

（えっ？　マジかよー、まずいぞこれは……）

幻にしては鮮明だったたし、二度も同じものを見てしまった。

その直後、ゴトゴトゴトッ！　車の下を何かが擦過する音がした。

（やべ、犬でも轢いてしまったか……？）

停まるにも、ここでは無理だった。

前後をトラックに挟まれて走っているし、車を寄せる路肩もない。仕方ないので、どこか明るい場所まで走ろうと思った時だった。

ドンドンドンッ！

左後ろの窓ガラスを何かが叩く音がした。

心臓が止まるかと思うほど驚いた。思わずアクセルから足を離してしまう。咄嗟に左ミラーから後方を見たが、ミラーには何も映っていない。ずっと後方を走るトラックのヘッドライトだけだった。

何だったのかと思った瞬間、またドンドンドンッ！

しかし、やっぱりミラーを見ても何もない。

人間というものは、真の恐怖を感じると体が強張ってしまい声が出なくなる。

運よく自動販売機がずらっと並ぶ、広い駐車スペースが前方にあった。

すかさず車を停め、慌ててドアを開けた。恐る恐る車を点検するが、何かを轢いたような形跡はない。叩かれたリアウインドウにも何の痕跡もない。

訳がわからなかったが、怪異な出来事のことを思い出し、一気に恐怖が襲ってきた。

この場所にいたくないと、一目散に走り去ったのだが、あれはいったい何だったのか。


なんとか、無事に納車も済ませ、下取車で千葉に戻ることにした。

どうも一連の出来事が気になるので、同じルートを逆に走ってみることにした。

あの異変の起きた現場付近は、まだ昼の時間帯だった。ここと思われる場所を通過するとき、目に飛び込んできたのは、道路脇に置かれた幾つもの枯れた花束だった。

もう一つ気になるのが、納車したあの車。

車の前部が修理されていたが、何か関係があったのか……もしかしたら……。

投稿者　ゆうゆう（男性・千葉県）

ステージ

音楽イベントのステージ上で、信じられない光景が繰り広げられた。

それは、どうやら自分だけに〝見えて〟いたらしい……。


大好きなアーティストの全国ツアーがあった。

私も北海道札幌市のホールに行き、二階最前列の席で期待しながら開演を待っていた。

ホールの明かりが消え、一気に会場のテンションが跳ね上がる。バックライトの光で、シルエットだけになったメンバーがステージに現れた。

最後に登場したのが、私がいちばん好きなヴォーカル。

私もキャーという歓喜の叫びが出る……はずだった。

だが、私の口から出たのは「うわっ……！」という喜びからはかけ離れた叫び。

バックライトに強く照らされたヴォーカルのシルエットの隣に、それは居た。

というか、絡みついてると言っても過言ではなかった。

明らかにメンバーではない女が、ヴォーカルに絡みついている。

他のメンバーは、みんなバックミラーでシルエットなのに、その女だけは前からライトを浴びているかのように姿が浮き上がっていた。

曲がはじまっても、その女はずっとヴォーカルに絡んだまま。

曲の合間にＭＣが入り、ステージ全体が明るくなって、他のメンバーも姿が照らし出された。

二階席からは、メンバーたちは遠くてよく見えないのに、見たくもない女だけがはっきりと見えている。しかも、それに気づいているのは私だけかも知れない。

長めの茶髪に白い肌、チャラチャラとした服装のケバい女だった。

その女はヴォーカルに絡みついたまま、一方的にイチャイチャしている。愛おしげに髪を撫でたかと思うと、首筋に抱きついて頬に顔を近づけたりも。

もう見てはいられないほどの狼藉だった。

（あの女、ヴォーカルに何やってんだ……！）

怒り心頭で凝視していると、女はさらにヴォーカルにベタベタする。

その時、ヴォーカルがそれらしきコメントをした。

「やっぱ北海道だからかなぁ、寒いね。この服、そんなに薄くないんだけどねぇ。六月なのにね」

ほんとに寒そうにしながら話している。

あの女のせいだと思った。

ヴォーカルに風邪引かせる気か！　と一人でイライラしているとその女、今度はヴォーカルの後ろから抱きついて、服の胸元から手を入れたりしはじめた。

（あいつ、何やってくれてんだ！）

私ひとり怒りで震える手を握り締めていると、女は間違いなくこちらを見た。これ見よがしの優越感に満ちた表情で、こちらを見据えてくる。

プツンと、私の中で何かが切れた。

気にするから助長するのだと思った。その後のライブは、一切女を無視して楽しんだ。

次の日、ストラップを作る材料と御札を用意した。

一生懸命手作りのストラップを作り、その中に御札を入れてヴォーカルへ贈った。

その後、別のイベントでまたヴォーカルの歌を聴く機会を得た。もしかして、あの女はまだくっついているのかが、やはり気になった。

だが、幸いなことに、もうあの女の姿はなかった。
ストラップは可愛かったので、ケータイに付けてくれているとのことだった。
そっと忍ばせたお守りが効いたのかも知れない。

投稿者　堕王子（女性・北海道）

ドアの蝶番

あの学習合宿は自分が高校一年の時、広島県福山市にある施設で開催された。

そして、夜の怪談部屋では、とんでもない怪異が起きていた。

毎日みっちりと繰り返される勉強また勉強で、心身ともに疲れ果ててしまい、楽しい思いなど皆無だった。

その反動なのか、同室のみんなで何かして楽しもうと企んだ。合宿が終わる前日の夜に、勉強が終わったら夜通しで怖い話をしようと決めた。

他の部屋の者は真面目なのか、当たり前のように就寝している。

館内は不気味なほどの静けさに満ちていた。その静寂に怯みそうになりながらも、部屋の電気を消し、車座に座って一人ずつ怪談を話しはじめた。

怖い話もあったが、都市伝説のような話、いかにも作り話のようなものもあったりで、憂さ晴らしとしては大いに盛り上がった。

次々と繰り出される怪談に時間を忘れて、気がつくと窓の外はぼんやりと明るくなっていた。

明け方になり、怪談も出尽くしたようなのでお開きにすることにした。

「不思議やなぁ、先生、誰も見にけぇへんかったなぁ」

一人がぽつんと漏らした。

確かにその通りだった。いつもなら当番の先生が見回りで各部屋を巡回するのだが、この夜に限って、一度も自分たちの部屋には来なかった。

部屋のドアは閉めている。先生が巡回に来れば、小さなノックの音がしてから入って来るのですぐにわかる。

みんな起きて怪談をしていたのだから、ノック音は絶対に聴こえるはず。なぜか、一回もノックはなかった。

たぶん、先生たちも疲れて寝ていたのだろうと、あまり気にはしなかったのだが。

学習合宿も無事終わって何日か経った。

学校の授業中に、ふと先生が奇妙なことを口にした。

「じつはなぁ、合宿の最後の夜にヘンなものを見たんや」

この発言でみんなの好奇心に火がついた。

先生が言うには、やはりあの夜も巡回に出たらしい。

暗い廊下をいちばん奥の部屋に近づいていくと、ドアが少し開いている。その奥の部屋というのは、自分たちが夜通し怪談をしていた部屋。

先生は生徒が閉め忘れたのだろうと思った。暗くてよくわからなかったが、ドアの隙間から、ニュ〜っと足が出ている様子。

（誰やねん、玄関で寝てるヤツは……）

先生は呆れてしまったが、同時にこいつら、まだ子供で可愛いところがあるなと微笑ましく思ったそうだ。

笑みを浮かべながらさらに近づくと、明らかに何かがおかしい。

うん？　と思った瞬間、先生は気づいた。


足が、ドアの蝶番から出ている！

夜目にもヌメっと生白い素足が、金属の蝶番の辺りから生えているように出ていた。

先生は驚愕と訳のわからない恐怖で、すぐに踵を返した。

もう一人の同室の先生に慌てて報告すると、怪訝な表情をしてそのドアに向かう。だが、行ったかと思ったらすぐドタバタと戻ってきた。

「見た見た！　足だけちゃうで、手も出とるがな！」

よほど怖かったのか、明らかに焦点が合わないように目が泳いでいる。

この怯えように、嘘ではないことは確信できた。

その夜は巡回をやめて、大の大人が二人で震えながら夜を明かしたそうだ。

自分たちが一晩中怪談をしていたことで、何かを呼び寄せたのだろうか。

もちろん、部屋のドアはちゃんと閉めていたのだが、〝何か〟が入り込んだのか……。

投稿者　ＳＨＡＮＧ（男性・大阪）

丸太拾い

昭和十年頃、日本は東北地方の記録的な凶作や二・二六、五・一五事件などもあり、国内に見切りをつけて、満州開拓団で大陸に渡る者が大勢いた。

かなり困窮を極めた時代だったが、その頃、まだ子供だった祖母が奇妙なものを見た。

当時、福井県勝山市に住んでいた祖母の近所では、大水が出ると腰に命綱を付け、濁流の中を泳いで、上流から流れてくる丸太を拾う仕事をしている者がいた。

かなりの金になるらしく、大きな木を狙って命がけで岸へ運んでいたそうだ。

そんな無謀な仕事をしている者たちの間で、ある噂話が語られていた。

「半夏生《はんげしょう》の頃は気いつけや、白山から大蛇が降りてくるでな」

「木と間違って、またがると殺されるぞ」

なぜこんな話が出たかというと、標高二千七百メートルある白山には千蛇ヶ池という池がある。

その昔、泰澄《たいちょう》大師が白山に住む悪蛇を三千匹閉じ込め、そのうちの千匹を千蛇ヶ池に沈めて万年雪で蓋をした、という言い伝えがある池だ。

半夏生の頃になると万年雪も緩み、毎年一匹ずつ逃げ出して九頭竜川へ降りて、海へ逃げるのだと言われていた。

まだ田舎では迷信が信じられていた時代で、村人は半信半疑ではあっても、気持ちのどこかにはそれを怖れる雰囲気があった。

その年も、やはり半夏生の頃に大水が出た。

九頭竜川の岸へ兄弟姉妹や近所の者たちと見にいくと、やはり何人もの男たちが命綱を付けて、荒れ狂う濁流の川へ入っては丸太を岸へ上げているところだった。

「やるいなー」

「よーやるなー」

祖母たちも、半分あきれながら男たちの命知らずの所業を見ていた。

すると、一人の男が丸太にまたがって縄を掛けようとした瞬間、「しもたぁ！」と叫んだ。

丸太はクルリと一回転し、男はそのまま濁流に呑まれて帰らぬ人となった。

遺体は一週間後、能登半島まで流されて見つかったそうだ。

その現場を見ていた者たちは、怖れおののきながら口々に囁きあった。

「鱗……見えたなぁ」

「ああ、あれは大蛇やったんやな」

「そうさなぁ、大蛇にまたがったんやな」

今では到底信じられない仕事と目撃談ではあるが、その当時は誰もが信じていた。

半夏生の九頭竜川は、大蛇が下るので近寄ってはいけない。

今でも九頭竜川の濁流を見ると思い出す話である。

投稿者　ゴリラ（男性・福井県）

プラットホーム

もう二十年前になるが、私はあるゼネコンで仕事をしていた。たいへん過酷な現場とされていた新宿南口開発プロジェクトに携わったが、その現場で体験した出来事。

夜間工事をするにあたって、最も重要なことは始発電車に影響を及ぼさないこと。日本一の乗客数を誇る新宿駅。一本の電車に影響が出ると、後に多大な影響を及ぼしてしまう。

そのため終電後、始発前までに代々木から新宿駅まで歩いて線路の上を巡回し、異常の有無を確認するのが日課になっていた。

時には飛び込み自殺をした凄惨な遺体を発見したり、回収業務を目にしたりもした。

そんな日々のある冬、冷たい風が吹く深夜だった。

同僚と二人で、いつものように巡回確認をしていた。代々木から新宿駅に向かい、あちこち目を配りながら歩いていた。

終電前の喧騒が嘘のように静まりかえった新宿駅プラットホームが見える。

ホームは16番線まであり、駅は相当に広い。工事に関係する線路を二手に分かれて大久保方面に向けて歩き、ホームが途切れたところで引き返すというルート。

基本的にはレール上を保守確認するのだが、新宿駅ホームに入った時、ふと人の気配を感じた。


うん？　と思って、気配の先に目を向けた。

ホームの突端、大久保側に一人の女が所在なげに立っていた。

（ああ、終電に乗り遅れたんだなぁ……）

そんな風に考え、特に気にすることもなく業務を終えた。

しかし、異常はこれが始まりだった。


その女、次の日も次の日も、ホームの同じ場所に立っている。

さすがに三日目になると、これはなんだかヘンだぞと思い、目を凝らしてよく見た。

するると、まず服装が気になった。冬空とは似つかわしくないものを身に着けている。まるで、初夏のような格好をして、ずっと線路を見詰めたまま微動だにしない。

ゾッとした。

（まさか……もしかして、これって幽霊？）

堪らなくなって、その朝同僚にすべてを話した。

「あのさぁ、新宿駅の××番線ホームにさぁ、女の人、いつもいない？」

同僚は呆気にとられたような顔つきで返してきた。

「はあ？　何言ってんの？　つーか誰もいるはずないじゃん。駅も照明落としてるし、終電後のそんな時間にいる訳ないだろ」

「だよなぁ……でも、いるんだよ。あそこに毎日立ってんの」

「お前、おかしいんじゃない？　じゃあさぁ～、明日一緒に見てやるよ、場合によっちゃ工事区や駅に連絡しないといけねぇしな」

翌夜、同僚と私はいつものように保守点検をしながら新宿駅へと向かった。

そして、例のプラットホームが徐々に近づいてくる。

暗く静まり帰ったプラットホームに、その女は確かにいた。

「ほら、いるじゃん！　あそこだよ、あそこ」

私はゾクッとしつつも、どこかホッとしたような気持ちもあった。

「ええ、どこだよ？　どこにいるんだよ。お前さぁ、幻を見てんじゃないの？　見えないよ。俺にはまったく見えません！」

強く否定する同僚の態度から、私は思った。

（あっ、そうか。これは自分だけにしか見えてないのか！）

「そうだよね、なんか勘違いしていたかも。最近疲れてっからなぁ。ははは」

なんとかその場を繕ったが、間違いなく私には見えていた。


その女は十二月中、私が夜勤をしている時には必ず現れた。

だが、不思議なことに、一月になったらまったく現れなくなってしまった。

あれは何だったのだろうか……やっぱり幻覚だったのかと思いながら、日々の業務に追われて忘れかけていた。

そんな頃、たまたま電車区の運転士と飲み屋で話す機会があった。

酒の席でもあり、酔った勢いでその話を振ってみた。すると、それは運転士の間でも有名な駅構内の女の霊であることがわかった。

その女は、いつも新宿駅を利用していた。何か思い詰めたことがあったのか、電車に身を投げたという。

その遺体はバラバラになり、凄惨を極めるものだったらしい。ホーム上まで遺体が飛散したという。

ただ、その女は死んだと思っていないらしく、肉体が無くなっても、何度も何度も身を投げ続けていたという。

ゆえに最終電車乗務で、新宿駅に入るのはとても嫌だとボヤいていた。飛び込んでくる女が見えるからだと……。

そのホーム、知っている者は深夜に誰も近づきたくない場所だったという。

もしかして、今もなお、繰り返し電車に飛び込んでいるのだろうか。

投稿者　ゆうゆう（男性・千葉県）

聴

ごく日常的な音が、パニックを誘うほど豹変する。
何も起こり得るはずなき時間と空間から湧き上がる異音。
澱んだ冷気が針となり、鼓膜の底に突き刺さる。

四階の先生

ある大学病院の眼科に入院していたことがある。

その病院で、生きるか死ぬかの境を行き来していた時のこと。

もう二十年ほど前になるが、目を怪我してその病院で手術を受けた。

手術の後、私は生死をさまよう羽目に陥った。体力のなかったせいで、まさかの敗血症にかかってしまったのだ。

悪運は続くもので、入院していた眼科では病名がわからず、二週間も経ってからやっと病院内の内科に回されてわかったというお粗末な医療だった。

もちろん、それまでにいろんな検査を眼科で受けてはいた。

しかし、一向に病状悪化の原因は特定できなかったようだ。四十二度もの高熱で、座薬の力を借りても三十九度までしか下がらない。高熱、座薬の繰り返しが延々と続いていた。

ただでさえ弱っていた私は、一人でベッドから起き上がることもできなかった。

その時は本気で、ああ、もしかしたら自分は死ぬかも知れないと覚悟していた。今は改善されているとは思うが、当時は病院内に縦割り医療がはびこっていた。だから、眼科では内科の処置はよくわからないという理由で、私は半分放置状態にされていたと思う。

日々弱っていく体であることは、自分が一番よく知っていた。生きることへの気力も失いかけていた。ベッドの上で気弱に（ああ、明日は死ぬのかなぁ……）などと考えていたある夜のことだった。

もう消灯時間はとうに過ぎていた。

やっと座薬が効いてきて、熱も三十九度ぐらいに下がっていた。とても眠く、多分ウトウトと寝ていたと思う。病室のベッドは四人部屋の廊下側なので、誰か入って来たらすぐわかる場所だった。

うつらうつら寝ていると靴音がする。看護師だろうと思った。

看護師は何か急いでいるようで、開けっ放しの病室に足早に入って来た。

そして、看護師は寝ている私のベッドへやって来たようだった。というのも、私は浅い眠りの中にいたので、時折り覚醒しては気配だけで想像していたのだ。すると。

「〇〇ちゃん、〇〇ちゃん、起きて！」

突然、私は騒々しい声に起こされてしまった。

薄っすらと寝惚けた目を開けると、そばに看護師が立っている。

ただ、二ヶ月も入院しているのに、見たことのない看護師だった。若い人で、黒ブチの眼鏡をかけ、肌は色黒でとても美人とは言えない人だった。

知らなくても大きな病院である。外来の看護師だろうと思い、気にも留めなかった。

そんなことを思いながら、私がぼんやりしている間も、看護師の切羽詰った声は続いていた。

「〇〇ちゃん、起きて！　時間よ！　早く！」

体力の落ちている私は、やっと少し熱が下がったので、とにかく眠っていたかった。

「看護師さん、申し訳ないけど、私やっと寝れるんですよ。知ってるでしょう？　私がどんな具合なのか……」

話すのもしんどかったが、なんとかそれだけ返事した。

「知ってるわよ。だから、来たんじゃない！　先生があなたのために待ってるんだから、すぐ検査に行きましょう！　早く！　さ、起きて！　手を貸すから！」

看護師は私を抱え起こそうと、強引に手を差し出してくる。

だが、どうしても私には起きる気力など湧いてこなかった。

「看護師さん、明日にしてください。とても起きれません」

「でも、早くしないと先生が！　ずっと待ってるのよ！」

その時、私はおかしなことに気づいた。

目を開けているにも関わらず、ベッドの下には白い霧のようなものがかかっている。

そのせいで、看護師の足元までは見えなかった。

それと、待っている先生というのは、どの先生なのかを訊いてみてもハッキリ答えない。

わざわざ私のために先生が待っているとだけ、何度も何度もしつこく言うのだ。

「ですから、どこで待ってるんですか？　どこに行けと言うんですか？」

半分キレ気味に私は訊いた。

「非常階段の下、四階よ。そこで先生が検査のために待ってるのよ！　さ、早く！」

しかし、私は相変わらず他人事のように無視していた。

すると、とうとう看護師が怒鳴った。

「ああ！　もう、時間がない！　早くってば！　早く早く早くっ！」

大声を上げた次の瞬間、廊下から別の看護師が入って来た。

ちゃんと足も見えている。

今までかかっていたベッド下の霧は、いつの間にか消えていた。


訳がわからなかった。

奇妙なことがもう一つ。なんと、今までいたうるさい看護師の姿も消えていた。

「あれ？　今までいた看護師さんは、どこ？」

「え、何言ってんの？　私だけよ、誰もいなかったわよ」

巡回の看護師はニコニコ笑いながらそう言う。

私は今までいたうるさい看護師とのやり取りを一部始終話した。

「怖いこと言わないでよ！　内科の先生は、もう病院に残ってないわよ。それに黒ブチの眼鏡かけて、色黒の看護師なんか眼科にも外来にもいないわよ。それに、あなたみたいに弱ってる患者さんをどこかに連れ出すわけないじゃないの」


次の日、その看護師の口添えで、内科の治療を受けることができた。

点滴などで少しずつ回復し、やっと一人で歩けるまでになった。

ただ、ずっと気になっていたことがある。

非常階段の下にある、四階というのをこの目で確かめたかった。先生がずっと待っているとあの看護師が言っていた、その部屋を確かめてみたかった。

じつは、そのことだけ私は誰にも言ってなかった。

非常階段は重いスチール扉の向こうにあり、普段は誰も気づかないものだった。

後で知ったのだが、非常階段は病院関係者しか使わないらしい。

重い扉をギィーと開けると、確かに非常階段はあった。

(へえ、こんな階段があったんだ……)

無機質でやたら広く、甲高く音だけが響く階段を降りて行った。

私の病室は上の階だったので、一階ずつ数えて下の四階に辿り着いた。そこの重い扉を開けても診察室らしきものは何もなかった。

灰色の壁に、ただ一つだけ扉があった。私はそこへ近づいて行った。

そして……扉の上にある案内の文字を見た途端、本当に足がすくんでしまった。

【霊安室】

腰が抜けそうになった。

もつれる足で、必死になって降りて来た階段を駆け上がった。

逃げるように非常階段の重い扉を出て、ようやく人のたくさんいるいつもの病院内に戻ることができた。

（私をあそこへ連れて行こうとしていたんだ……）

恐怖で泣きながらも、やっと安心することができた。

投稿者　千代乃小町（女性）

夜の子供

なんの関わりもないはずなのに、時空を超えて不可解なことが起こる場合がある。

住んでいる部屋での平穏を崩壊させるかのように……。


ある冬のこと。

眠れない夜に、住んでいたアパートでそれは起こった。

なかなか寝つけないで寝返りを繰り返す部屋の中、もう半ば眠るのを諦めていた。

すでに時間は深夜二時を回っている。

参ったなぁ……と思っていると、不可解な声が耳に届いてきた。

アパートの庭の方で、幼い子供の楽しそうな笑い声が聴こえるのだ。しかも、一人ではない。何人もの騒ぐ声がする。

(はぁ……こんな時間に、なんで?)

ぼんやりそんな疑問に支配されていると、なぜか急に眠気が襲ってきた。

眠りに落ちて、いったい何時間経った頃だろう。

道路の方で急ブレーキの音がして、ドーン！　何かがぶつかる音がした。

数秒後、今度は隣の住人が激しく壁を叩く音がする。

驚いて私は飛び起きた。

(何か事故でもあったのか？)

緊張しながら窓を開けて様子を窺う。暗くてよくわからないので、玄関のドアも開けて外を見た。

だが、何の異常もない。

ベランダから壁を叩かれた隣の部屋を見ても、電灯すら点いていない。

現実に起きたはずなのに、訳のわからない出来事だった。

そんなことがあった数日後。アパートの近くにある保育園の前に、お地蔵さんが祀ってあるのを発見した。

何度も保育園の前は通っていたが、お地蔵さんがあるとは気づかなかった。

なんでも十年ほど前に、保育園の前で園児たちが交通事故に遭ったらしい。お地蔵さんはその後、祀られたのだという。

先日の夜の異変とお地蔵さんが関係があるのかは不明だが、妙に腑に落ちた。

事故の犠牲になった園児たちが、私に何か訴えかけてきたのだろうか……。

投稿者　まるこ（女性）

プレス機械

ガチャコン……！　耳慣れたプレス機の音が、これほど恐怖をもたらすとは……。

タイ在住の私はセールス担当で、自社工場が終わってから帰社することもあった。

その日も外回りを終え、帰社したのは夜の九時頃だった。すでに工場は終わっていて、プレスの音は聴こえない。

パソコンを立ち上げ、今日の報告書の作成をしている最中だった。

工場と事務所とはかなり離れているが、私の耳にガチャコンガチャコンとプレスを抜いている金属音がする。

この時間、誰も工場で働いているはずがない。私は長年プレスをやってきたせいで、難聴気味のところがあり、空耳か幻聴か耳鳴りだと思った。

事務所にまだ残っていた社長が、そろそろ我々も引き上げようと言ってきた。

同意して片付けようとした時、またプレスの音がはっきりと響き渡った。

今度は社長と二人で音を聴いた。私たちは顔を見合わせた。もしかして、緊急に誰かが残業をしているのかも知れない。お互いにそう納得した。

念のために窓から工場の方を見てみたが、それにしては明かりが点いていない。

これは何かおかしいと、二人で様子を見に行くことにした。

閉まっている工場のシャッターを開け、中を覗くと、ずらりと四十台ほどのプレスが暗闇の中に並んでいる。

その中の一台、中古の小型プレスの辺りだけ明かりが点いていた。

(やっぱり、誰か仕事が終わらなくて残業をしてたんだ……)

ねぎらって、もう帰らせようと二人でプレスのそばに近づいた。

だが……どこにも、人の姿はない。

明かりを点けたまま帰ったのだろうかと電気を消し、シャッターの前に戻った時だった。

ガチャコン……！　紛れもないプレスの音が工場に響き渡った。

二人は震え上がった。

音のした方を振り返ると、先ほど消したはずのプレスの辺りの電気がまた点いている。

私は鳥肌が立ち、社長も有り得ない現象に怯えた。

もう一度確かめに行く勇気などなく、明日の朝二人でもう一度確認しようということにして逃げるように帰った。


次の日、工員を集め、昨夜の出来事を社長が話した。

工場長は何か知っているかのように、これまでも時々あったということを報告した。

すぐに専門家が電気の配線を調べたが、どこにも異常はなかった。なぜ、明かりが点いたり、プレスの動く音がしたのかは誰もわからず、謎のままだった。

社長は縁起をかつぎ、お坊さんを呼んでプレスのお祓いをしてもらおうと言い出した。

同じ体験をした私もそれには異存がなかった。

お坊さんがやって来て、問題のプレスの前で拝みはじめた。おそらく十分ほど経った時。


突然、ガチャコン……。プレスが動いた。

私をはじめ、社長、従業員、お坊さん、そこにいた全員が驚いた。

お坊さんはこのプレスに何かが取り憑いていると言い、プレスを始末することを勧めた。

社長も、すべての従業員が見ている前で起こった異変だったので、即刻プレスを処分することを決定した。

私はこのプレスの因果が気になった。

扱った業者に訳を聞くと……。やはり、原因があった。

昔、このプレスで仕事をしていた従業員が仕事に行き詰まり、自殺したとのいうのだ。

よく聞く都市伝説のような話だが、それであの夜、プレスが動いたのかと思った。

中古機械には、使っていた人の業のようなものが取り憑くのかも知れない。

投稿者　まさ（男性・タイ）

隣りの空き家

「ねぇ、将来は実家の隣に引っ越せたらいいね」

嫁がふと、こんなことを言いだした。

北海道札幌市にある実家の隣には、よそのまだ新しい空き家が建っている。

嫁は私の両親の面倒を近くで見られるよう、そこに家族で住みたいと言ってくれた。

その言葉を聞いて、素直に嬉しい気持ちになった。

しかし、その直後、なぜか背筋を冷たい汗が流れた。同時に胸の奥から、深く暗い闇のような感覚が湧き上がる気分にもなった。

それは、ある出来事を思い出したからだ。

不思議なことに、その出来事は今の今まで、記憶を削除されたかのように忘れていた。

実家の家へは三歳の頃に引っ越した。

今でこそ周りは住宅で埋め尽くされているが、その頃はポツンポツンと家が建つだけで、ほとんどが雑草の空き地だった。

引っ越した実家の隣には、たいそうな豪邸が建っていた。

だが、その豪邸は無人で、〝お化け屋敷〟という噂があった。

住む人がいないのに、窓辺に白い姿が立っているのを見たとか、家の中から悲鳴を聴いたとか……。

風の噂によると、どうやらその家には両親と子供二人の四人家族が住んでいたらしい。

ある日、家族が車で出かけたところ、事故で全員亡くなったという。

事情はよくわからないが、一家心中だという話だった。


空き家となった豪邸の隣りに引っ越してきて、数年が経った頃。

私は小学校に上がったばかりで、好奇心旺盛だった。取り壊されないまま放置されている〝お化け屋敷〟がずっと気になっていた。

(中はどうなっているんだろう？　見てみたい)

幼い冒険心は、常にくすぐられていた。

この一帯では、あの家には絶対近づいてはいけない、という暗黙の了解があった。

しかし、好奇心の方が勝った私は、とうとうその家の門をくぐってしまった。

そっと門を抜け、建物へと近づく。間近で見る豪邸は、すっかり朽ち果てていた。人が住まなくなった家は活気を失い、呼吸をしていない死体のようだった。

昼間だったこともあり、不思議と怖さはなかった。むしろ、その雰囲気に一抹の寂しさを感じていた。

玄関のドアの前に出されたままの牛乳ビン。郵便受けに差し込まれた褪せた新聞。何年か前まで、人が間違いなく住んでいた生活感はそのまま残されていた。

それが、ある日のある瞬間から、ピタッと時間が凍結してしまっているのは不思議な感覚だった。

ドアノブに手をかけ、そっと回してみたが鍵がかかっている。入れそうなところはないかと家を一周してみたが、幸か不幸か見当たらなかった。

玄関に戻ってきて、郵便受けに突っ込まれた新聞を引き抜いてみた。新聞は薄い茶褐色に変色していて、持ったところがボロボロと崩れ落ちた。

（よし、中に入れないのなら……）

私は郵便受けの細い隙間から、中を覗いてみることにした。

そこで……信じられないものを目撃してしまう。

横長の郵便受けから覗くと、玄関の奥にある居間が目に入った。

中は薄暗く、どこもかもうっすらと埃が積もっていた。廊下の先にある居間は雨戸の隙間から漏れる光だけが、わずかにソファーや家具の輪郭を浮かび上がらせていた。

もう夢中になって、郵便受けから空気さえも滞った異空間を覗き続けた。

すると、暗い奥の方から奇妙な音が聴こえたような気がした。

もちろん、空き家だから、人がいるはずはない。

カシャッ……カシャッ…………

（ん？　なんだろう……？）

何か金属音のような音だった。不規則に微かな金属音を立てるものがある。音の原因を確かめるまで目を離すことはできなかった。

奥の方の暗がりに目を凝らしていると、少しずつ音が大きくなっていった。

そして、薄暗い居間の床に、その音の正体が現れた。


それは、なんと、スキー靴だった。

スキー靴に幾つも付いている金具が、カシャッ、カシャッと音を鳴らしている。

まるで、スキー靴を透明人間が履いて歩いて来るかのように、奥からゆっくりとこちらに向かってくる。

有り得ない光景に腰が抜け、その場に固まってしまった。

今でもあれが本当に目撃した光景だったのかは、信じられない気持ちだ。

スキー靴は左右の金具を鳴らしつつ、少しずつ郵便受けの窓の方に近づいてきた。何度目を凝らしても一足のスキー靴だけで、それを履いている者の足も姿も見えない。

茫然と見詰めるだけの私の眼前で、スキー靴はとうとう玄関に降りてきた。

（ああ、ダメだ。中から玄関を開けて出てくる……）

やっと我に返り、慌ててその場から逃げた。

そんな衝撃的な出来事があったのにも関わらず、私はそのことを誰にも話さなかった。言ってはいけないような気がしていた。そして、心の中に封印し、今の今まで二十数年間忘れていたのだ。

その後、すぐにあの豪邸は取り壊され新築が建ったが、どういう訳かすぐに売りに出された。その後も何家族か住んだのだが、長くても二、三年で出ていってしまう。直近では、去年まで子供が二人いる家族が住んでいた。

外で楽しそうに焼肉をしたり、家族で団欒している様子をよく見かけていたのだが、突如、ある日を境にまったく人の気配がなくなった。

近所の人も、住人がいなくなった原因はまったくわからないらしい。

車や自転車などもそのままで、家の中の家財もそのままにして空き家となったのだ。


何も知らない私の嫁は、そんな隣の家に住むことができたらいいと言う。

年老いてきた両親のことを思う嫁の気持ちはありがたいのだが、建て替えられたとはいえ、そんな曰くのある隣りの家だけには住みたくない。

それを嫁に何と伝えればいいのか、まだわからないのだが……。

投稿者　古田昌大（男性・北海道）

オーダーベル

これは愛知県にある、某ファミレスで起こった不可解な現象。

誰もいない深夜にそれは起きた。


私はファミレスの副店長をしていた。

その日は月に一度の棚卸しの日で、私と店長と二人で作業していた。

すべての食材の在庫をカウントし、表に記入していくというもの。閉店後しかできない作業なので、終わったのは深夜三時近くだった。

カウントが終われば、後はパソコンにデータを入力するだけ。

「ああ、後は私がやっておきますから」

奥さんやお子さんがいる店長に気を遣ってそう伝えた。

「そうかい、悪いね～」

店長は漂々としたいつもの物言いで、そそくさと着替えをはじめた。

私が奥の事務室で入力作業をしていると、数分で店長は身支度を終え、任せたよと一言残して帰っていった。

暗い店内にたった一人、事務室で黙々と入力作業を続ける。

店長が帰ってからしばらくすると、玄関からティントン♪　ティントン♪　というお馴染みのチャイムが流れてきた。

それは客の来店を知らせるためのもの。玄関の天井辺りに設置されたセンサーが人を感知したようだった。店長が帰って間もないので、忘れ物でもして戻って来たのかと思った。

しかし、一向に店長は奥の事務室に顔を出さない。

玄関から事務室までは十秒もかからないはず。変だなぁとは思いつつも、店内をチェックしているのかも知れないと、また作業を再開した。

するとまた、ティントン♪　ティントン♪　と暗い店内に音が鳴り響く。

この時点で、私はちょっとヤバイと思った。玄関の鍵の閉め忘れで、客が間違えて入って来たのかと思い、店内に急いだ。

だが、店内には誰もいない。

センサーの故障かもと思ったが、私に反応して音が鳴っていたので故障でもない。玄関の扉もしっかり施錠されている。

薄暗い店内は無人で、センサーだけが二回も何かに反応したのだ。

気持ち悪さを感じつつも、まだ作業が残っているので事務室に戻った。早く終わらせて帰りたい一心で入力作業を続ける。

時折、製氷機が受け皿に氷を排出するガラガラという大きな音にさえ怯えながら、なんとか机に座り続けた。

それは、あと少しですべての作業が終わるという時だった。


今度はピンポ〜ン！　店内に別の音が鳴り響いた。


私はその音を耳にして、ああもうダメだと覚悟した。

それはオーダーベルの音。つまり、私以外の何者かが、客席で店員を呼ぶためのオーダーベルを鳴らしているということだった。

入り口の鍵は施錠されているので、何者かが侵入することは不可能である。私は幽霊だと直感し、それを受け入れた。

不思議なもので、かえって私は開き直ったかのように淡々と入力作業を続け、ようやくすべての作業を終えた。

急いで更衣室に入り、私服に着替えはじめた。

するとまた、ピンポ〜ン！　オーダーベルが鳴った。


まだ、〝何か〟が客席にいる……。


体中の毛が逆立つような感覚に陥り、着替えをする手が止まった。このまま更衣室にいる訳にもいかず、素早く着替えを済ませて更衣室を出た。

事務室から警備保障のスイッチを作動させて玄関に向かう。

あえて走らず、恐怖でガチガチになりながらも、ゆっくりと歩いて行った。物凄く怖かったが、怖いもの見たさもあったのか、ちらっと真っ暗な客席を見てしまった。

客席の上部には、どこのテーブルでオーダーベルが押されたかを表示する電光掲示板がある。オーダーベルを鳴らすと、テーブル番号が赤いライトで光るシステムだ。

ベルを鳴らすと、一度目で番号が点灯し、二度目に鳴らすと番号が点滅する。

電光掲示板の番号は、25が点滅していた。

私は悲鳴を上げることもできず、必死で玄関を出た。震える指で施錠し、少し離れた従業員駐車場まで猛ダッシュで逃げた。
有り得ない！　有り得ないことが起きた。私はただの一度も、店を振り返らなかった。
テーブル番号25、などという席はこの店には元々から無いからだ。

投稿者　ゆうき（男性・愛知県）

飾り枠

気になるといえば気になるのは、賃貸マンションの前の住人のこと。

もちろんクリーニングはしてあるが、とんでもない物件に当たることもある。

同僚の美容師の菜々さん（仮名）がまだ若い頃、大阪にある高家賃のマンションに引っ越した。自分にはちょっと贅沢かなとは思ったが、憧れのマンションだったし、思い切って住むことにした。

引越し荷物もあらかた片付き、少し落ち着いて自分の部屋を眺める余裕ができた。

引っ越した時は気づかなかったのだが、廊下からリビングに入るドアの上にある飾り枠の一部に違和感を覚えた。

お洒落な彫刻のような模様が施してあるが、その一部だけ、元々あったものとは異なる材質の木で作られている。

それはデザイン的に意図したものというより、修理した跡のように思えた。色といい質感といい、微妙に馴染まないその箇所に、入居当時はかなり苛ついた。

高級マンションをうたっているにも関わらず、リビングの飾り枠の無神経さだけは気に入らなかった。

入居した後なので仕方なく、そのうち慣れるだろうと生活をはじめた。


そんなある夜のこと、夜中にどこかで激しく言い争う声に目が覚めた。

辺りをはばからず、金切り声を上げる女の声がナイフのように耳を刺す。近くの部屋か廊下で男女が痴話喧嘩でもしている様子だった。

眠い目をこすりながら時計を確かめた。午前一時四十五分という深い時間だった。

(もう、いい加減にしてよ！)

文句を言いに行って面倒に巻き込まれるのも嫌だし、頭から布団を被り、その夜は我慢して目を閉じた。


さて翌日。またしても夜中に女の金切り声が響いた。

またはじまったのか……と、うんざりしながら時計を見る。

針は一時四十五分を差していた。昨夜とまったく同じ時間。

その時、彼女はふと冷静になり、妙な感覚に襲われた。

（前夜と同じ……ちょっと待って……このマンションは、防音設備もいいはず。外からの声や騒音が聴こえるはずがない）

では、金切り声はいったいどこから聴こえてくるのか。

そこに思い当たったとき、彼女は少なからずゾッとした。

もしかして、この部屋の中？　ベッドからそっと抜け出し、声のした方に向かう。廊下かリビングの方からしたように思った。

真っ暗なリビングに入り、照明を点けようとした瞬間。


ガシャーンッ！　何かが激しく落下する音がした。


死ぬほど驚いて、慌てて壁のスイッチを入れる。

だが、リビングも廊下も何の変わりもない。あれほど激しい音がしたのに……。

訳がわからなくなると同時に、体の奥底から冷たい恐怖がせり上がってきた。

リビングのドアの前で、腰が砕けるように、頭を抱えてしゃがみ込んでしまった。

その異変が起きてから、毎夜、同じ時刻に女の金切り声がするようになった。

住みはじめた憧れのマンションである。

逃げるにも逃げられなくなり、たまらず隣人に何か事情を知っているか訊いてみることにした。

「私の前に誰が住んでいたのか、何があったのか、教えてください！」

口止めをされているのか、言いにくそうではあったが、渋々隣人は口を開いた。

この部屋には、若い女が一人で住んでいたらしい。

どうやら誰かの愛人らしく、よく男が訪ねてきていた。そして、いつもモメていたという。

ドアの前やエレベーターの中でも、二人が言い争っている姿は隣人をはじめ、何人にも目撃されていた。

女はヒステリー気味に喚いたり、金切り声を上げたりしていた。

とうとう女はノイローゼにでもなったのか、この部屋のリビングの入り口の飾り枠に首を吊って亡くなったというのだ。

飾り枠はその重さに耐え切れず、ややあって外れ落ちたらしい。

あのガシャンという音は、その時の音だったのか。

そして、その時間は一時四十五分だったのか……。

真相を知った彼女は、即刻部屋を引き払った。

投稿者　花音サラ（女性・大阪府）

お爺さんの罰

祟りという言葉がある。人が恨みや憎しみを持ったまま亡くなった後、相手に災いを為すという現象。

ただ、祟りは人から人だけではない、という怖ろしくも不思議な話がある。


小学四年生だった頃、毎年、夏休みの四日間ほど、一人で天竜川を挟んだある村で過ごしていた。その村に住む、二つ年下の従弟さとる君（仮名）の家でのこと。

その夜は、さとる君とお爺さんと自分の三人で風呂に入った。洗い場で一列になり、私がさとる君の背中を洗い、私の背中をお爺さんが洗う。その後、逆向きになった。

自分がお爺さんの背中を手ぬぐいでゴシゴシ擦っていると、あることに気づいた。

背中に火傷のような痕がある。

さらに、右足太ももあたりからふくらはぎ、左足膝からその下にかけて、大きな痕があった。

思わず擦るのを止めて、じっと見詰めてしまった。

「ああ、これか？　これはなぁ、ヘビの罰が当たったんじゃ」

お爺さんはびっくりするようなことを呟いた。

「え、バチ……？」

「そうじゃ、ヘビは怖いぞぉ」

お爺さんは一言それだけ口にすると、黙ってしまった。

寝る段になって布団に潜り込んでも、風呂場で聞いたお爺さんの「ヘビは怖いぞぉ」の一言が頭から離れなかった。

「ねぇ、ヘビのバチって何？」

寝間の横でカップ酒を飲んでいたお爺さんに布団の中から訊くと、どうしても聞きたいかと念を押してから訥々と語ってくれた。

じつは、ずっと前からお婆さんは胸が悪く、伏せっていることが多かったそうだ。

どこで聞いてきたかは定かではないが、干したシマヘビを煎じて飲むと良いという。

そこで田畑に仕事に行き、草むらなどでシマヘビを見つけると、捕まえては「成仏してくれ。なんまいだなんまいだ」と手を合わせては、煎じてお婆さんに飲ませていたそうだ。

ある日、家で飼っていた家畜に食わせるために、畦道の草を鎌で刈っていた。すると、草むらの中でズルズルと動くものがいる。お爺さんはシマヘビだと思い、草むらに手を突っ込んで一気に引き摺りだした。

それは、一メートルはゆうにある大きなアオダイショウだった。

太い胴体を思いっきり掴まれて、蛇は怒って体をくねらせた。お爺さんの腕にグルグルと胴体を絡ませると、親指の付け根に思いっきり噛みついた。

お爺さんは、驚きと痛みで腕を振り回したが、ヘビは噛みついたまま離れない。そのまま思いっきり地面に叩きつけると、草むらの中をズルズルとうねりながら逃げようとした。怒りがおさまらないお爺さん、逃げるアオダイショウの胴体に持っていた鎌で一撃を喰らわせた。

鎌の刺さった部分がカクカクと『くの字』に曲がり、蛇の動きが鈍った。お爺さんはさらに、蛇の頭に向かって鎌を振り下ろした。

頭の下十センチほどのところが裂け、皮一枚でぶらぶらしている。大きなヘビはその場をグニャグニャとうねるように回りはじめた。

ふと我に返ったお爺さんは、その異様な光景を見て気持ち悪くなった。

鎌の先にアオダイショウを引っ掛けると、近くの用水路の中に放り込んだ。まだ動いているヘビは、ゆっくりと下流へと流されていったそうだ。

そんな事件があったが、お爺さんの中では終わった出来事だった。


お爺さんは酒好きで、朝からまず一杯やらないと一日が始まらない人だった。

酒代を稼ぐために、夕方五時から夜十時頃まで、天竜川にかかっていた有料橋の料金所で通行料を徴収するアルバイトをしていた。

当時は周りに人家などまったくなく、この辺りは真っ暗で寂しい場所だった。

ただ夏の間、孫のさとる君が毎晩楽しみにしていることがあった。

それは橋にある水銀灯の灯りに誘われて、集まってくるカブトムシやクワガタなどの虫。

お爺さんは、毎晩二、三回は橋を往復して、水銀灯の下に落ちているカブトムシなどを捕まえては持って帰ってきた。

「ほら、おみやげだ。今夜もいっぱい獲れたぞ」

大喜びするさとる君の顔が見たくて、暇な時間帯に捕獲していた。


ある夜のこと。

ラジオを聴きながら、料金所の中で待機していても、その夜も車は通らない。

そこで、また孫のために虫を採ろうと、懐中電灯と虫かごを持って橋を歩き出した。

お爺さんは車道を歩きながら虫を探していた。橋の中程の水銀灯の辺りまで来ると、もぞもぞと這っているクワガタを発見した。

急いで近寄り、かがんで虫を捕まえて虫かごの中へ入れる。

まだいるかも知れないと、次の水銀灯のところでかがみ込むように探していた。

「ウヘヘヘヘ……」

突然頭上から、人を小馬鹿にしたような小さな笑い声が降ってきた。

驚いて立ち上がり、頭上を懐中電灯で照らしてみても、水銀灯の眩しい光しか見えない。

すると今度は、背後から「ハハハハハ……」と笑う声がする。

すぐ振り返って、懐中電灯を向けても、やはり誰もいない。

お爺さんは気味の悪さと戦いながら、周りの暗闇をあちこち照らしてみたが、どこにも人の姿などはなかった。

その時、突然頭から肩にかけて、ドサッと激しい衝撃と痛みが走った。

お爺さんは堪らず、へなへなと車道にへたり込んでしまった。

何事かと周りを見回すと、一メートル以上はある大きなアオダイショウが足元を這っている。なぜ、こんなところに突然ヘビが出現したのかは、まったくわからなかった。

だが、頭と肩の痛みから、お爺さんはやっと状況が飲み込めた。橋の上から自分の頭の上にこの蛇が落ちてきたということを。

どうして水銀灯のてっぺんに、ヘビが這い上がっていたのかは訳がわからなかった。

お爺さんはやっと立ち上がると、怒りにまかせて橋の欄干の隙間から、蛇を遥か下の川に向かって、えいっとばかりに蹴り落とした。


その時、十メートルも下の川面から、「イヒヒヒヒ……」と侮るような笑い声がした。

お爺さんは怖ろしげに欄干から覗き込んだが、懐中電灯の光に浮かび上がるのは真っ黒の水面だけだった。

奇妙な笑い声は、時折り馬鹿にしたような声を上げながら、川下へと流れていった。

こんな戦慄するような出来事があってからは、仕事中は一歩も料金所から外へ出ることはやめた。

さて、季節は過ぎて真冬のこと。

お爺さんは一人料金所の中で、本当はいけないのだが、隠し持って来たウイスキーの小瓶を口に含みながら通過する車を待っていた。

ラジオからは、好きな浪曲が流れていた。

その声に混じって、どこからか微かに男の呼び声のようなものが聴こえてくる。

ラジオの音を絞って窓を開け、耳を澄ませてみた。すると確かに「お～い、お～い」と男の張り上げる声が橋の遙か先から聴こえていた。

お爺さんは、もしかして自動車事故ではないかと思った。

以前、飲酒運転の車が料金所と反対側の橋の欄干にぶつかり、酔っ払った運転手がフラフラの千鳥足のまま、料金所に助けを求めてきたことがあったからだ。

「ちぇっ！　また酔っ払いか」

上着をはおり、懐中電灯を手にして、橋の向こうに歩き出した。

橋は水銀灯に照らされているが、中ほどまで行っても、まだ人影は見えてこない。しかし、相変わらず「お～い」と呼ぶ男の声だけは、もっと先から聴こえてくる。

水銀灯の明かりで、橋のほぼ端まで見通せるが、どこにも姿が見当たらない。

その時、ふと気づいたことがあった。その声は、確実にこちらへ近づいてくるのだ。

「お～い」の声がだんだん大きくなっている。と同時に、その声のトーンがなぜか少しずつ低くなってきたのだ。

目に見えない何かが徐々に近づき、声は異様なほど野太くなっていく。


これだけ近寄って来たのに、姿が見えないことに恐怖を感じた。お爺さんは立ち止まった後、数歩後退りすると、一気に身を翻して料金所へ向かって走り出した。

すると今度は、料金所の中に何者かが入り込んで、動いている影が見えた。

ストーブの上に置いてある薬缶から立ち上る湯気のせいで、ガラス窓が曇り、中に誰がいるのかはわからないが、男らしき黒い影が歩き回っている。

料金所には釣銭が置いてあるので、とっさに泥棒だと思った。

お爺さんは急いで駆け戻り、「誰じゃ！」と叫びながら勢いよく扉を開けた。

しかし、驚いたことに中には誰もいなかった。開ける直前まで確実に誰かがいたのに、人がいた気配も痕跡もまったく消えていた。

呆気に取られて立ち尽くすお爺さんだったが、背後の橋の方から「ヒヒヒヒヒ……」、あの何度も耳にした、薄気味悪い男の笑い声が聴こえてきた。

お爺さんは我に返って料金所の中に飛び込み、厳重に鍵を掛けた。

恐怖を紛らわせるため、ラジオのボリュームを目一杯に上げた。

窓の曇りを拭き取ると、水銀灯に照らされた橋の全貌が見える。

目を凝らせて橋のあちこちを見定めたが、なにも異常はなく、何も起こらなかった。


しばらく経って、やっと緊張が解けたお爺さんは、熱いお茶を飲みたくなった。

急須を取り出し、ストーブのやかんの取っ手に雑巾をかけて持ち上げた。

と、突然、やかんの取っ手がグニャリと動いた。


そう……それはまさに、ヘビを掴んだときの感触だった。

表皮の内側で筋肉がググッと硬くなり、次の瞬間、力が抜けてグニャリと垂れ下がった感じだった。

突然のことに驚いたお爺さんは、思わず取っ手を掴んでいた手を離してしまった。やかんはストーブの角で弾むと、お爺さんの両足に、沸騰したお湯をぶちまけながら落ちてきた。

避けることができなかったお爺さんの右足の太ももから下の部分、左足の膝から下辺りにかけて大量の熱湯が降り注いだ。

熱さと激痛で料金所を飛び出したお爺さんは、たまらず道路にへたり込んだ。

悲痛な声を上げながら痛みに耐えていると、背後の闇からあの男の笑い声した。

しかも、ゆっくりこちらに近づいて来る。

お爺さんはどうにもできなかった。ただ、じっと痛みに耐えるしかなかった。

この予想だにしない展開に成す術もなく、ただうずくまっていると、僥倖にも遠くからヘッドライトの光が射してくるのが見えた。

（ああ、助かった……）

お爺さんは心底そう思った。


病院へ担ぎ込まれたお爺さんの両足の火傷の状態はかなり酷かった。皮膚移植を行なうほどの重症で、退院までに何ヶ月もかかった。

やっと退院した後、すぐ家族全員で近くの神社でお祓いをしてもらった。

その後、家族には猛反対されたが、お爺さんは料金所のバイトに復帰した。

二年ほど勤めたが、それからは別段異変は起こらなかったらしい。

「煎じて飲んだ何匹ものシマヘビか、殺したアオダイショウかは知らんが、どっちにせよヘビが祟ったことには間違いないなぁ……」

お爺さんはコップ酒を飲み干しては、最後にそう呟いた。

奇怪な笑い声を立てながら迫ってきた〝男〟らしきものの姿は、当のお爺さんも目撃していないという。

ヘビが絡んでいる時にだけ、人を嘲るような笑い声がしていた。

あれは、殺したヘビの化身……？　と今も思うことがあるという。

投稿者　ワカメ（男性・長野県）

縛

手も足も微動だにしない、石化した肉体に支配される瞬間。
ピクリとも動かない意志を無くした肉体は、ただ無防備である。
喉も裂けよと振り絞った悲鳴は、縛られた体から無力に脱落する。

落ちてくる

数年前、私は某県S市にある学校の寮に住んでいた。

何事もなく過ごしていたある日の夜中。それは唐突に起こった。


ふと、真夜中に目が覚めた。

いつもならまたすぐ寝てしまうのに、なぜか眠れず、そのまま所在なさげに天井を眺めていた。気がつくとルームメイトの息遣いが聴こえてくる。

ふぅふぅ……ふぅふぅふぅ……

それは寝息というより、息遣いに近かった。

(どこか男っぽい感じ……彼女、いつもこんなんやったっけ?)

少し違和感があった。

二人部屋のベッドは上から見ると、L字になるよう二段に組み立ててある。いつもは、二人とも頭がL字の角にくるように寝ていた。

今日は頭をあっちに向けて寝てるのかなと思った。そのせいで、いつもとは違う風に聴こえるのかも知れない。

私はL字二段ベッドの下段に寝ているので、彼女の姿は見えない。

相変わらず、ふぅふぅという息遣いだけはしている。その時、はっと思い出したことがあった。

(あれ？　今日は木曜……だったよな、ルームメイトは今日の午後、家に帰ったはずでは……)

金曜日に授業のない彼女は、毎週木曜日の授業が終わると、すぐ実家に帰っていた。

(じゃあ、あれは……いったい、誰？)

ふぅふぅという息遣いが、余計に大きく聴こえたような気がした。

予想もしない事態に頭が混乱する。背中に冷たいものが走る。その間もふぅふぅという呼吸音のようなものは、私の耳に届いていた。

と、その時。ふぅふぅふぅ　ふっ！　息遣いが突然止まった。

えっと思った瞬間、ギギッと頭の上のベッドが軋んだかと思ったら、ドンッ！

私の体の上に何かが落ちてきた！

瞬時にまったく動けない状態になってしまう。

言うならば、私の体の表面すべてが強力な磁石のように床に引き寄せられている感覚。上のベッドから落ちてきた何かは、もちろん人ではない。得体の知れない何か。生あるモノなのかどうかもわからない。

それが仰向けになって、微動だにできない私の体の上半分ぐらいまで、ズブズブと沈み込んでくる。

重いというより、ひたすら苦しい。息もできないほどだった。

だが、奇跡的に目は動いた。金縛りに遭うと、何か変なものを見るという話を思い出した。怖かったが、少しずつ目を開けてみた。

しかし、何もいない。何も見えない。相変わらず死ぬほど苦しいだけ。

もう私には何もできないので、成り行きに身を委ねるしかなかった。とにかくその何かが去ってくれるのだけを待っていた。

永遠のような時が過ぎたと思うが、実際はもっと短かったのかも知れない。

だんだんと体が軽くなっていくのがわかった。助かると思った。

あと少し、そのまま軽くなってくれ！　と祈っていると、またズゥーン！

さっきより激しく、重い感触を伴って戻ってきて、それを最後にまるで夢から覚めるようにゆっくりと去っていった。

この部屋には二年住んでいたが、こんな不可解な体験は最初で最後だった。

投稿者　りんご（女性・香川県）

震災の翌日から

あれは中学生の時。

阪神大震災の翌日から、自分の肉体と精神にちょっとした異変が起きていた。

震災により、我が家は見る影もなく姿を消してしまった。

我々家族はなんとか悲しみを乗り越え、一年後にようやく新たな家を建てた。

ただ、震災を機になぜか金縛り体質になってしまった。地震の恐怖やショックが起因しているのかも知れない。

震災の翌日からしょっちゅう金縛りに遭うようになったが、当初はそれほど気にならなかった。金縛りはよく聞く現象だし、肉体と精神のバランスの欠如によるものという理解も頭の中ではできていた。

だが……蒸し暑い、あの夜の金縛りはまったく別物だった。

理解に苦しむことが起こり、いま思い出しても身の毛がよだつ。

夜中十二時頃に、お気に入りのＣＤを聴きながら床についた。しばらくしてウトウトしてきたので、ＣＤを止め寝る体勢に入った。

それは十分も経たない時だった。

コン、コン……

誰かが部屋をノックした。目が覚めたので「誰？」とドアに向かって声を出した。

返事はなく、ドアの外はシーンと静まり返っているばかり。

気のせいかと思った瞬間、またコンコン……コンコン……とノックの音が。

間違いなく誰かいる。頭はすでに覚醒していたと思う。

誰がいるのか、確かめようとベッドから体を起こそうとした。その時、全身が痺れたような激しい金縛りが襲ってきた。

頭から足の先までカキーンと固まってしまい、まったく自由が利かなくなる。

すると、ドアをノックする音が変化しはじめた。

コンコン……コンコン、コンコンコンッ！　ダンダンダン！　ドンドンドン！

控えめだったノックの音が次第に強まり、仕舞いにはドアを打ち破るような狂おしい勢いで叩かれるようになった。

「(………!)」

寸分も動かない金縛りのまま、声の出ない〝叫び声〟を上げていた。

これだけ激しくドアが叩かれているのに、家族は誰も気づいていない様子。

絶望的な恐怖と精神が崩壊するような状況に耐えるしかなかった。

その異変がどのくらい続いたのか、数分だったのか、数十分だったのか。ふと気づくとやっと辺りは静まり返っていた。

それでも小さな物音がする度に、身の毛が逆立つほど怯えてしまった。

ようやく落ち着きを取り戻し、平穏な空気の中ゆっくりと起き上がった。窓の外は漆黒の闇が広がっている。部屋に異常はないか、無意識にあちこちに視線をさまよわせた。

ここから不思議なことが起きた。

見詰めた先に一匹の蜘蛛がいた。蜘蛛はこれ見よがしに、ゆっくりとクローゼットの隙間に潜り込んだ。

何気なく時計を見ると、四時十二分。すでに、窓の外は明るくなっている。

まるで暗転から舞台が明るくなるように、一気に明るくなっていた。
蜘蛛を見る前は、確かに外は漆黒の闇だったのに……。訳がわからなかった。
強烈な金縛り、奇妙な蜘蛛、時間の異変……何が起こったというのだろう。

投稿者　へるきゃっと（男性・兵庫県）

合わせ鏡

二枚の鏡が合わさるとそこに霊道ができるというが、本当だろうか。

この奇異な体験は、それに起因しているのではと思える話である。

ある年の秋のこと。富山県の高岡市に住む母の実家に行った。

久しぶりに会えた祖母やいとこと楽しく話をしていると、祖母が二階の物置から花瓶を取ってきてほしいと言う。

二階に上がり物置の戸を開けた瞬間、私はびっくりしてしまった。

なんと、大きな鏡が二枚合わせになっていたのだ。合わせ鏡は霊の通り道になるという話を聞いたことがある。

確かにその物置は、霊が潜んでいるような気配があった。合わせ鏡の間を霊たちが通っているかも知れない、と想像できる雰囲気だった。

気持ち悪さを押し殺して花瓶を探していると、背後から冷たい視線を感じた。

えっと思って振り返ると、その鏡に古い日本人形が映っている。

「うぎゃぁ〜っ！」

私はなんとも情けない声を出してしまった。

驚きの悲鳴ではあったが、人形を映す鏡を見ながら私は有り得ないことに気づいた。

その日本人形……鏡の前には何もないので、鏡に映るはずがないのだ。

私は完全にパニックになってしまった。

「うわぁぁぁあぁぁぁっ！」

鏡に映るはずのない人形が、そこにある。

私は花瓶だけを引っ掴んで、転げるように階段を走り降りた。ただ、この時はまだ不気味さが作用した錯覚かも知れないと思い、恥ずかしくて誰にも言わなかった。

その夜はそのまま祖母の家に泊まることになった。私が母と寝たのは、その物置の真横の部屋。よりによってとは思ったが、仕方なく寝床に入った。

どのくらい時間が経ったのか、ふと目覚めたのは深夜だったと思う。

なぜか体が重く、寝返りもできなかった。

（もしかして、金縛り……？）

そう思って、やっと目だけ開けた。


乗っていた……自分の体の上に、あの日本人形が乗っていた。


「遊ぼう？」「遊ぼう？」「遊ぼう？」……

か細い声で、何度も繰り返している。

一気に恐怖が襲ってきた。念のためにと、枕元に置いておいた御札に手を伸ばそうとした瞬間だった。奇跡的に手が動くと、すぅっと人形は消えていった。

朝になって、たまらず祖母に訊いてみた。

「何言ってるの、そんな人形なんかないよ」

恐る恐るもう一度物置を探してみたが、人形は見つからなかった。

投稿者　海樹希（女性・富山県）

寝相

寝相が悪いから、では答えにならない奇妙なことが起きた。

それが起きる時、必ず金縛りにも遭う。


私の寝ている部屋は、隣の部屋とは襖で隔てられている。

十代だった頃から奇妙なことが多かった。壁に寝床をくっつけて寝ているのに、夜中にふと目覚めると、いつの間にか布団から引きずり出され、襖の前を塞ぐように寝ていることがよくあった。

それは寝相が悪いというレベルを超えていた。見えざる者の手によって、部屋の端から端まで移動させられたといった出来事だった。

そして、そんな夜は必ず金縛りに遭っていた。

それも、ただの金縛りではない。寝ている足元から、無数の長い手が私の体にベタベタと触れながら頭の方まで伸びてくる。

部屋には無数の人の気配が充満し、体を触り続ける者、体に覆いかぶさってくる者などありとあらゆる嫌がらせを受けるのだ。

ただこの時、うっかり目を開けてしまうと、得体の知れない奇妙な姿の者や見たこともない女がいたりするので、絶対に目を開けないように気持ちを集中していた。

私は小さい頃から幾つもの怪奇体験があり、このようなことには随分慣れていたつもりだった。

しかし、その夜の執拗な嫌がらせに、私の中の何かがプツンと切れてしまった。

(こいつら、人の体を何だと思ってるのか。よし、とっちめてやる！)

怖さよりも怒りが勝った。

体中に蠢く、くすぐったい不快感に我慢ができなかった。

全身に力を溜め、一気に飛び起きようとすると金縛りも一瞬で解けた。

私の目前には、人の形をした透明なモノが！　そいつと顔が向き合った。

それは私の腰の辺りに正座していた。

まさか私が起き上がるとは想像もしていなかったのか、慌てたように透明なモノの腰が引けて仰向けに倒れた。

咄嗟にそれの両手を掴み、馬乗りになる。透明なモノはジタバタともがいているような感触があった。私はしばらく夢中でそれを押さえつけていた。

だんだん冷静さを取り戻すが、埒があかなかった。

（この後、どうしたらいいんだろう……？）

ずっと押さえている訳にもいかず、ちょっと困ってしまった。

そんな逡巡が隙を作ったのかも知れない。

次の瞬間、本当に瞬きをした一瞬の間だった。今まで私が馬乗りになっていて、床を見ていた視界が天井を向いている。

（はぁ？　なんで……？）

訳がわからなくなり、頭の中が真っ白になった。

こんなことが有り得るのだろうか。

自分の体が瞬時に入れ替わり、布団の中で天井を見詰める姿勢で横になっている。

ここまでなら、まだ金縛りの時の幻視という説明もつくかも知れない。

どう考えても不思議なことがあった。

布団は間違いなく壁際に接して敷いていたのに、なぜか逆の襖側にぴたりと添って敷かれている。しかも、私は頭と足が逆さになったまま寝ているのだ。

そして、暴れた形跡もなく、布団はきちっと整ったまま……。

さまざまな怪奇現象に遭遇してきたが、この体験がいちばん怖かった。

投稿者　Ｈａｐｐｙ２（女性）

黒い車

母譲りのせいだろうか、私も霊をよく見るようになってしまった。
また、金縛りには頻繁に遭遇しており、もうあまり気にしなくなっていた。
だが、この日は違った。

その夜、なかなか寝つけずにベッドの中で携帯をいじりながら、イヤホンで音楽を聴いていた。お気に入りの曲に心地よく浸っていると、急に曲が止まってしまった。
故障かな？　と思って起き上がる。

ズンッ……！　その瞬間だった、部屋の空気が重くなった。

怪奇現象が起きる前には、そういう気配が濃厚になることが多い。
これはまずいと思い、近くに用意してある清め塩を手にして、恐る恐る布団に入った。

すると、自分の身に困ったことが起きた。

目が開いたまま、閉まらなくなった。閉じようとしても、何かに無理やり瞼を開かされているかのように、自分の意志では閉じることができなくなっていた。

おまけに周りでは、異音というか騒音のようなものが湧き上がり、それがどんどん大きくなっていく。それはすぐ、騒がしいというほどの音量になっていた。


何かが起きようとしている……。

私はどうしていいかわからず、ただ焦るしかなかった。

(やばい、やばい、やばい……)

だんだん恐怖が増してきて、何も考えられなくなった。

その時である。突然、モワッとした気体のような、液体のような感触が体の右半身にズブズブズブと入ってきた。

そのモノの正体を感知したとき、私は言いようのない恐怖を感じた。

私の体の中に入り込んでいるのは、〝女の子〟だった。

見たわけではないが、感覚で知ることができた。

ベッドに座っている私の右側から、それは横になったまま頭から私の体の中に浸入してきている。

ゆっくりと、まるでアメーバの蠕動《ぜんどう》のように、体の左半身を侵食してきている。

やばい！　頭は警報を発しているのだが、体はまったく反応しない。

一ミリたりとも動かすことができないまま、気持ち悪さと激しい頭痛に襲われ、もうだめだと諦めようとしていた。

すると今度は、私の体の右半身を〝車〟が通り抜けた。

もう、訳がわからなかった。

その車は、黒くて短いリムジンのようなフォルムをしていた。不思議なことに、車が体を通り抜けた途端、スゥーッと全身が軽くなり、頭痛も和らいでいた。

助かったと思った。なぜか、あの黒い車が助けてくれたのだと思った。


翌朝、その話を母にした。

すると、母は驚くようなことを言う。

私が大きな蜘蛛の巣に引っ掛かり、死にそうになっている夢を見たのだという。

助けようと必死になっていると、どこからともなく黒い車が飛んできて、ブチブチと糸を引き千切ってくれたというのだ。

そして、その車はひいお爺ちゃんが乗っていたものと同じ車。さらに、その日はひいお爺ちゃんの命日だったそうだ。

私のは、金縛りに遭っていた時に幻視したものだとは思う。

しかし、同じ頃に母が見た夢とリンクしているとは、どういうことだろう……？

投稿者　かりあ（女性）

身代わり

頻繁に金縛りにかかる人は多い。

しかし、それに慣れてしまって、現象を侮るととんでもない目に遭う。


友人の幸子さん（仮名）が、お兄さんと一緒に十代の頃に体験してしまったこと。

彼女は横浜市北部の大型団地に住んでいた。現在では団地の近くにも大きなマンションが建ち並んでいるが、当時は高層の建物といったらその団地だけだった。

そのせいか、飛び降り自殺が多かったという。

それが原因かどうかはわからないが、彼女は中学の頃からよく金縛りに遭っていた。

感受性が強いといわれる年頃ではあるが、ほぼ毎晩のように苦しめられていたようだ。

そんなある朝、兄妹で囲んでいた食卓でこんな会話をしたそうだ。

「昨日の夜も金縛りになって、ホント嫌になっちゃう……」

「そうか、じゃあ今日は俺が代わってやろうか？」

ニヤニヤ笑いながら、兄がからかうように言う。

「はぁ？　どういうこと？」

「俺はね、金縛りの解き方がわかるからさ。お前、知らないの？」

兄曰く、金縛りは仰向けに寝ている時になりやすいので、金縛りが来る直前に、クルッと横向きになれば大丈夫だという。余りにも安直な対処法なので、聞き流していた。

「よし、今夜は妹じゃなくて俺のところに来～い！」

兄は冗談半分のように、天井に向かって叫んだ。

仲がいい兄妹なので、精一杯妹を気遣っての発言だったのだろう。


さて次の朝。

めずらしく金縛りにも遭わず、彼女はぐっすりと眠ることができた。

まさかとは思うが、昨日の兄の発言を思い出した。

（お兄ちゃんのお陰かも……？）

久しぶりに爽やかな気分で食卓につくと、兄が暗い顔をしてボヤいた。

「ちぇっ！　言わなきゃよかったよ……」

昨夜、兄はいつものように布団に入ると、自分の発言を思い出した。

「おい、来れるものなら来てみろ！」

兄は天井に向かって挑発をしてから眠りについたそうだ。

どのくらい時間が経ったかはわからないが、兄は金縛りの前兆に気づいた。

（ヤベ……。あっ……く、来る来る）

兄は仰向けに寝ていた。

妹に教えたとおり横に体を倒したが、思いがけないことが起きてしまった。

横向きになる前に、ビリビリと体が痺れはじめる。その後、異変に見舞われた。

横向きになった体を、何かが物凄い力で仰向けに戻したのだ。

そのまま強烈な金縛りが襲ってきて、体はびくともしなくなったらしい。

ゆっくり仰向けに戻されたのではなく、一気に、見えざる力によってゴロンと仰向けに戻されたのだという。

挑発的な発言がまずかったとしか思えないのだが……。

投稿者　まーぽー（女性・東京都）

拾った人形

どこかの母親が作ったであろう粗末な人形。

捨てられたのか、忘れられたのか、薄汚れた愛玩物が異変を起こすことがある。

まだ私が若かった頃に起きた、まったく説明のつかない出来事。

ある日、知り合いの女性と彼女の子供たち二人とで出かけた。行ったのは大阪の高槻市にある淀川の河川敷公園。

子供は男の子二人で、六歳と四歳のわんぱく盛りだった。

河川敷で、子供たちとサッカーボールを蹴ったりして遊んでいた。すると、四歳の子がボロボロになった人形を拾ってきた。

布で縫ったような手作りっぽい粗末な人形。

河川敷に落ちていたので、何ヶ月も風雨に晒されてとても汚れていた。それに捨てられた人形というだけで、ちょっと気味が悪いものがある。

「人形は拾ったりしたらアカンよ。ちゃんと落ちていた場所に返さないと、お化けになって出てくるよ」

優しく言い聞かせて、人形を元の場所に置いて来させた。

その後、車でみんなを家に送ってから、私は大阪市内に帰る道を走った。

だが、運転中に異常な眠気が襲ってくる。このまま運転するのは危険だと思い、車を停め、シートを倒して仮眠することにした。

浅い眠りの中、夢を見たようだ。

夢の中でも、私は車のシートを倒して寝ている。すると、車のハッチバック荷台から、男か女かわからない何者かが、後部座席を目指して這い上がってくる。

そいつは助手席にやって来て、いきなり抱きつくように私の体に覆い被さってきた。

その瞬間、目が覚めたが、体がまったく動かない。

まさしく金縛りのような状態。耳鳴りか呻き声なのか、得体の知れない物音が聴こえている。

どうしようもなくもがいていると、突然ふっと体が動くようになった。

助かったと思って、慌てて車から飛び出した。

車の外へ出た時（もしかしたら……）と、妙にピンと来るものがあった。

ハッチバックを開けてみる。

やっぱり……そこに。

河川敷で子供が拾ってきた薄汚れた人形が、置いてあった。

これには完全にビビってしまった。

無我夢中でその場に人形を投げ捨てた。

家に帰ってすぐ彼女に電話をかけ、子供に確認を取ってもらった。

しかし、人形をトランクに入れた覚えはない、とのこと。

子供が嘘をついているとは思えない。確かに、河川敷で人形を元の場所に置いて来たことは、私も見ていたから。

では、なぜ……？

投稿者　K・I（男性・東京都）

長方形の木箱

金縛りの最中に体験する異変にはさまざまなものがある。

何かが足元から這い上がってくるというのが類型だが、それを外したものこそ怖い。


子どもの頃から、私はしょっちゅう金縛りに遭っていた。

疲れが溜まっていたり、普段と違う体勢で寝たときに起こる一種の睡眠障害だと思うのだが、稀にいつもとは明らかに違う金縛りになることがある。

そんな時は、決まって不思議な体験が伴うのだが、その中でも、特にゾッとした体験がこれである。


ある夜、福井県永平寺町の自宅の部屋で寝ていると、金縛りになった。

またかと慣れっこにはなっていたが、今回はいつもと状況が違っていた。

物凄く大きな耳鳴りがする。

耳鳴りと言っても、普通のキーンという甲高い金属音ではない。

ギュウィィーン！

まるで、電動ドリルを耳の中に突っ込まれたかのような、脳の芯まで響くような耐え難い強烈な音だった。

じつは過去にも、同じような耳鳴りと同時に、怖い体験をしたことが何度かあった。

だから、わりと冷静に（何か来るな）と覚悟はできていた。

その瞬間だった。


ドタドタドタドタッ！　寝ているベッドの脇で激しい物音がする。


どうやら子どもが出鱈目に走り回っているような足音。

しかも、三、四人ほどの複数の足音が、私の部屋の中を無尽に駆け回っている。

しばらくすると、足音だけではなくキャッキャッ！　と楽しそうにはしゃぐ声まで聴こえはじめた。声の感じからも、やはり小さな子どもたちだと思えた。

不気味なのは、その足音が私のすぐ真横まで近づいて来ること。明らかにその子供たちは寝ている私の顔を覗き込んで、寝ているかどうかを確かめるような振りをしている。

寝ていることがわかれば、またキャッキャッ！　と安心したような無邪気な声で笑って、また走り出すのだ。

初めのうちこそ、どうなるのかと恐怖を感じていたが、だんだんと無性に腹が立ってきた。

（こいつら、人が寝ているのに、勝手に部屋に入り込んで来て、夜中に大騒ぎするとは何事だ！）

金縛りに遭ってはいるものの、とっちめてやろう思った。

仮にその子どもたちが幽霊であるとしても、許せない気持ちになっていた。そいつらを怒鳴りつけてやろうという強気が湧いていた。

あいにく金縛りで、まったく動けない体ではあったが、渾身の力と気合を込めて一気に解いてやろうと思った。

「うるさーい！」

怒鳴ると同時に、みごとに金縛りが解けた。

気づくと、私は真っ暗な部屋のベッドの上で身を起こしていた。

ドキドキと脈打つ心臓音。さすがに呼吸は荒く、肩で息をしながらしばらく座っていた。

のろのろと部屋の明かりを点け、隅々を見渡しても、案の定子どもらしき姿はどこにもない。

金縛りが見せるリアルな夢だったのか、はたまた私の怒鳴り声に驚いて、子どもたちは姿を消したのかはわからなかった。

とにかく静かになった部屋で、しばらくしてから私は再び眠りについた。


しかし、事はこれだけでは終わらなかった……。

翌朝、母親に昨晩の恐怖体験を話してみた。

いつもなら「気のせいでしょ」の一言で一蹴されるはずなのに、その日はなぜか私の話をじっくりと聞き、その母親の顔色が明らかに曇った。

「え？　どうかした？」

私の問いには何も答えず、母親は黙って隣りの物置部屋に入っていった。

何事かと慌てて母親の後を追い、私も物置部屋に入った。

その物置部屋には、古いタンスや使わなくなった日用雑貨品が雑多に置いてあった。

中にある物が日焼けしないように窓はすべて塞がれ、昼間でも真っ暗な部屋。そのせいもあって、子どもの頃から怖くて絶対中には入らない部屋だった。

そのガラクタのような物の中から、母親は何が入っているのか長方形の箱を四つ出してきた。箱はだいたい高さ六十センチ、幅と奥行は三十センチ程の木箱だった。

おそらく数十年は、その部屋に置きっ放しになっていたのだろう。それらの箱は丁寧に新聞紙に包まれ、埃まみれになっていた。

「どれもね、何十年も前に貰ってから、一度も出してあげてないから……」

そんなことを呟きながら、母親が箱を包んでいる新聞紙を剥がしていった。


中から姿を現したのは、なんと日本人形……。


大きさは違えど、いずれも子どもの姿をした人形が四体。

こんな物が私の部屋のすぐ隣りにあったとは、今日の今日まで知らなかった。

その人形をいとおしそうに見詰めながら、母親が自分に言い聞かすように言葉を吐いた。

「あんたが言ってた子どもたちって……まさかとは思うけどね」

誰かに貰ってから、一度も箱から出されていなかったその人形たちは、まるで新品のように綺麗なままだった。

投稿者　うんすい（男性・福井県）

感

第六感という言葉だけで変異を片付けてはならない。
いかに合理的な説明も、モノクロームのように色褪せてしまう。
それは気配を感じるレーダーにまた何かが反応しているから。

拡散

一見華やかに見えそうな大都会での会社勤め。

しかし、オフィスに何かが巣食っていたとすれば、華やかさは色を失う。

大阪の四つ橋線の某駅を下車し、西へ八分ほど歩いたところに勤務先の会社があった。

あったと過去形で書いたのは、現在はいろいろあって別のところに移ったからだ。

あれが起きたのは、もう二十年ほど前のこと。

新しく事務の派遣で来てくれた女性の一言がきっかけだった。

「ここ、出ますよね……」

その女性は霊感が凄くあると自認しており、少し会社にも慣れてきた頃、この会社には霊が出ると言ってのけたのだ。

いきなりの指摘に、私を含めて社員たちはみんなそんな話を信じなかった。多感なその女性の気のせいだろうと思っていた。

しかし、その派遣社員が勤務して日もまだ浅い頃、突然それは起こった。

月末の多忙な折に、当てにしていたその女性が無断で休んだのだ。

無責任さに少し腹を立て、何があったのか心配でもあったので家へ電話をかけてみた。

事情を聞くと信じがたいことを言う。

その女性曰く、会社の霊が憑いて持って帰ったらしく、夜になって酷い金縛りに遭ったというのだ。

朝起きても体は鉛のように重く、歩くこともままならないほど体力と気力を奪われ、電話もできないほど臥せっていたという。

確かに、話すだけでも息絶え絶えという様子で、仕事どころではなさそうだった。


女性は翌日も、その翌日も休んだ。

かなり心配になり、もう一度連絡したところ、えらい騒ぎになっていた。

知り合いの霊媒師に来てもらい、お祓いをしたがまったく効果がなかったというのだ。

このままだと仕事に差しつかえるということで、派遣会社に相談して、とりあえず別の人を派遣してもらうように頼んだ。

もちろん、霊に取り憑かれたようだから、などとは伝えなかったが……。

一部の社員の間で噂が広まり、その出来事を気にする者も出はじめていた。

だがほとんどの者は、まさか会社に霊がいるという非現実的なことは信じていなかったので、しばらくするとその出来事も、単なる奇妙な噂で片づけられるようになった。


しかし、怪異は終わる気配はなかった。

というか、霊感の強いあの派遣社員に触発されたのか、霊の仕業かも知れない奇妙な出来事が頻発するようになっていったのだ。

「女子トイレに入っていたらね、お経のような声が聴こえてきたのよ」

ある女子社員が真っ青な顔をして訴えたり。

「最後に退社するので、入り口のドアに鍵をかけたら、真っ暗な部屋の中から誰かがドアノブをガチャガチャと回したの……」

霊感とは無縁の女子社員までが、とうとう怪異に見舞われるようになった。

このような怪現象が続き、社員の誰かがいつ遭遇するかは時間の問題とまで言われるようになった。

そして、恐怖の拡散はこの会社を超えていった。

極めつけは、同じビルの別フロアにある会社のＯＬ二人。たまたまエレベーターの中で一緒になり、彼女たちがひそひそと話す内容が耳に届いた。

「ねぇ、また昨日、出たらしいよ……」

「ええっ！　また出たん？」


どうやら、そのビル全体に霊が棲みついてしまったような状態だった。


そして後日、驚愕するような事実がわかった。

ビルの東隣にある黒っぽいビルに働いていた人と、ついこの間話す機会があった。

なんと、隣のビルにも霊が出るというのだ。

つまり、霊は私たちのビルを根城にして、周囲に侵出しつつあるということか。

投稿者　yukiochi（女性）

図書室の封印

通い慣れたいつもの学校で、突然訳のわからないことが起きる。

多感な時期だからそう感じるだけなのか、それとも……。


十数年前、通っていた高校での話。

私はその日、掃除のために図書室にいた。

そのときは霊感の強い友達も一緒だった。掃除が終わり、鍵を閉める前に二人で掃除漏れがないかチェックをしていた。すると、奥の方からギィイイイイ〜　バタンッ！

まるで、古くて重い木の扉が軋んで閉まるような音がした。

しかし、うちの学校にはそんな軋み音がするような古い扉はない。

私の聞き間違いかと思った。

「ねぇ、今、ドアが閉まる音がしたよね？　古そうなやつ」

友達が怪訝な顔つきでそう言う。彼女にも聴こえていたということか。

「その後にさぁ、小さい女の子の笑い声がしたんだけど……」

思いがけないことを付け加える。

私には女の子の声は聴こえなかったが、なんだか無性に怖くなった。私たちは急いで教室に戻った。


次の日、「この辺で音がしたんだよね?」と、
昨日の掃除中に音がした辺りまで、その友達と一緒に確かめに近づいていった。

ちょうど音や声がした辺りでそんなことを話していると、いきなり私の肩が痛くなりはじめた。グイグイと何かが圧しかかるように、痛さとともに重くなる。

そのとき、様子を見ていた友達が、私から弾かれるように離れた。

「ごめん、お願いだから今は近寄らないで!」

まるで私を疫病神のように遠ざける。

「えっ、どうしたの?」

私が肩を押さえながら訊くと、見る見る友達の顔は半泣きなっていった。

「いいから、近くに来ないでっ!」

叫ぶように、はっきりと拒絶されてしまった。

友達は脱兎のごとく教室に戻ると、すぐ小さなビニール袋を持って戻って来た。
袋の中には白い粉末が入っていた。
「それで早く清めて来てっ！」
友達は袋を私に放り投げた。
それは〝清めの塩〟らしく、後で聞いたところによるといつも常備しているらしい。
私はトイレの個室で肩や頭にその塩を振りかけた。
よくわからないが、何となく肩の痺れるような重さは軽くなっていく気がした。
教室に戻ると心配そうな顔つきで、友達はゾッとするようなことを言った。
「さっきね、男があんたの肩に憑いていたの。すっごい目で睨んでたんだよ」
危なかったらしい。完全に取り憑かれてしまうとやっかいだったという。
あの訳のわからない扉の軋み音は、図書室にある何かの封印が解ける音だったのか？
瞬時にそんな想像が駆け巡り、初めて私は全身に鳥肌が立った。

投稿者　朔耶（女性）

霊感スナック

霊の憑いている店は繁盛するという都市伝説めいた口伝がある。

そんな店で働いていた者が、何度も見てしまったものとは……。


十八歳になった頃、スナックで働いていた。

じつはこの業界、霊はけっこうつきもので、何度となく遭遇した中の話。

当時、付き合っていた彼はかなりの霊感の持ち主だったようで、私にもその影響力が伝わっていたのかも知れない。

店に勤めてしばらくたった雨の夜のこと。

店はカウンター十五席とボックス席と呼ばれるテーブル席が一つだけ。その日は開店して時間が早かったので、まだ客はいなかった。

入り口近くのL字カウンターで、店の女の子たちと話していた。

雨だから暇かもねぇ……など、雑談を交わしていると、ふと背中に寒気が走った。

気持ち悪いなぁと何気に振り向くと、ボックス席の椅子に〝何か〟がいた。

元々こういう店は照明を暗くしてある。だから店内は全体が薄暗く、隅は余計に照明が届かない。

その隅にあるボックス席の一部が暗い、というか、黒い。

親しい子にそっと話してみても、意味がわからないと言う。

誰も気づいていないのかなぁ……と思いつつ、私は気になるので、何度となくチラチラと視線を送っていた。

すると突然、その黒いモノの正体がわかった気がした。

〝見えた〟という表現ではなく、〝感じた〟といった方が正しいと思うのだが。

それは、スーツを着た中年の男だった。

どこを見るでもなく、ボ～っと中空の一点を眺め続けている。

その日、店は雨にもかかわらず大繁盛だった。

それからも何度か雨の日に男を見かけたが、男のいる日は繁盛し、雨でも男がいない日は暇だった。

不思議と怖いという感じはなく、むしろいる方が忙しくて有り難かった。

どうやら〝見えて〟いるのは私だけのようで、気味悪いと思われるのが嫌で、店の人たちに話すことや、男の素性を探るようなことはしなかった。

だから、その男が何者で、店とどんな関係にあるのかは不明のままである。

それ以外にもこの店では、カラオケに合わせて手拍子する女の子の手が三本に見えたり、ボトルが並ぶ棚の鏡に得体の知れない影が映ったりもした。

私が何軒か勤めた水商売の店の中で、いちばん霊の多い店だった。

投稿者　じゅんち（女性）

深夜の墓参り

墓参りは大切な行いだが、いつでも良いという訳ではなさそうだ。

自分の都合で、丑満つ刻の墓参りをしたところ大変なことに……。


ある夏のこと。就職して静岡で一人暮らしをしていた。

うちの会社は七月の終わりに長期休暇が取れる。休暇に入る前日の仕事が終わった後、食事と風呂を済ませ、ゆっくりと午後九時頃に実家の大阪へと車を走らせた。

就職したてで金がなく、一般道で向かうことに。名古屋から名阪国道を通って奈良の天理まで来たとき、ついでに墓参りをしていこうと思いついた。

うちの墓は天理市の寺にある。その天理付近に着いたのは、夜中の二時頃。わざわざこんな時間にという感じだが、まだ目も冴えていたので深く考えず行くことにしたのだ。

幸い、寺の駐車場は外灯も点いており、明るい場所だった。

さすがにこの時間ともなると、エンジンを切れば虫の声だけが辺りを埋め尽くしている。

周りに民家はなく、深い闇に包まれて辺りはシーンと静まり返っているだけ。車のドアを閉めるのも、バタンと大きな音がしないよう憚れる。

うちの墓は、境内の外に広がる墓地の中でも最も遠いところにある。深夜の墓地ではあるが、うちの墓なのでさほど不気味という感じはなかった。

墓石が林立する墓地の中を一人で歩いて行った。月明かりもない細い石畳の通路をゆっくり奥へ向かう。古びた墓石、お参りする人も無いような荒れた墓石、真新しい御影石の墓石などが通路の左右に果てしなく広がっていた。

ここで、私にじわじわと異変が起こりはじめた。何か原因不明の眩暈《めまい》がする。

（ああ、疲れてるんだなぁ……）

そう思いながら墓の前まで来て、しばらく手を合わせ、同じ道を駐車場に戻った。

その間、ずっと眩暈が続いており、それはだんだん酷くなっていた。早く車に戻らないと倒れるかも知れない。そう真剣に危惧するほどの気分の悪さだった。

クラクラしながらも、なんとか車まで辿り着き、何度か深呼吸をしてから出発した。

その時は、突然の眩暈については何とも思わなかった。車に戻るとすぐに回復したからである。休暇前までの仕事の疲れが出たのだろうと思っていた。

さてその翌年、また帰省した折に眩暈のことなど忘れて、同じような時間にまた墓参りをしてしまった。すると、信じ難いことに、同じような異変が起きた。

今度は駐車場に車を停めて、降りた途端に激しい眩暈に襲われた。

そんな異変に見舞われながら、私はふと思った。

（ああ、そうか……お墓にいる死者たちが怒っているのかも……）

理屈ではなく、天啓のように降りてきた答えだった。

しかし、せっかく来たのだから挨拶ぐらいはと思い、無理をして墓地の奥へとよろける足取りで歩いて行った。

よその墓の前を通るときは「ごめんなさい、ごめんなさい」と謝りながら通った。

うちの墓でも「こんな時間に、本当にごめんなさい」と謝りながら合掌した。

しかし、謝ったからといって眩暈はまったく治らない。前回と同じように、ますます酷くなっていく。

遠くに駐車場が見えた時には、呼吸すらうまくできなかった。徐々に目の前が真っ白に変わっていき、全身の力が両足からすぅーっと抜けていった。

もう駄目だと観念した。陽が昇ったら住職が助けてくれるだろうから、このまま道端に倒れていようかとあきらめかける程だった。

鉛のような足を引き摺り、息も継げない状態で、ようやく車に辿り着いた。

体を預けるようにドアを開け、なんとか座席に座ってドアをパタンと閉めた。


不思議だった。にわかに信じられなかった。

車の中に戻った瞬間、激しい眩暈や吐き気、呼吸困難は嘘のように消えていた。

何が起こったのか、まったくわからなかった。

ふと思ったことがある。やはり墓の住人たちも夜は眠るのではないか、と。

安らかな時間を邪魔されたくないのではないか、と。


そんなことがあってから、墓参りは陽の高いうちに済ませるようにした。

もう、眩暈は起きることはなかった。

投稿者　おやじぃ（男性）

アイドルポスター

何十年も前のことだが、人気女性アイドル歌手が自ら命を絶つ事件があった。

そのニュースがまだ流れていない時に、奇妙な現象が起きた。


その日、私は寮で昼食を終え、入浴の順番を廊下で待っていた。

ちょうど私の横には防火扉があり、そこにその年の春の防災イメージキャラのポスターが貼ってあった。当時、人気があったアイドル歌手の笑顔が爽やかだった。

しかしその日、なぜか私にはそのポスターのアイドルの目が無性に怖かった。にこやかに笑っているのだが、目に宿った光が異様に見えて仕方なかった。気のせいだと思うようにしても、私の心を曇らすような不吉を告げる感覚が湧いてくるのだ。

ポスターから目を離そうとしても、視線がガチッと合ってしまい、目を背けることができなかった。

無理やり後ろを向いて、ようやくポスターからの呪縛が解けた気がした。

なんとなくホッとしていると、霊感があると噂される友達が、ただならぬ様子ですっ飛んで来た。

「ゆきみ、この子、今自殺したよ！」

「えっ、マジで？」

私は反射的に、友達と一緒にそのポスターをもう一度見た。


アイドルの目の異様な輝きが、ポスターの中で一層増したような気がした。


私と同じようにポスターに何かを感じたのか、友達は警告するように言った。

「いくらあたしらと無関係のアイドルでも、このポスターだけはヤバイよ。すぐ剥がしてもらわないと、大変なことになるかも」

何か不穏なものを友達は感じたのだろう。


ところが、剥がすよう掛け合った職員は、逆に面白がって一週間もポスター剥がしを延ばしてしまった。私たちの何の根拠もない苦言など、職員は意にも介さなかったのだ。

案の定、私と友達は原因不明の頭痛に襲われた。

何も知らない他の友人たちも、小さな怪我や体調不良に見舞われる者が続出した。
一週間後、やっと職員がポスターを剥がすと、嘘のようにみんな元気になった。
友達とも話し合ったのだが、アイドルの彼女に罪があるはずはない。
きっと、ポスターに他の何かが憑いてしまったのではないかと……。

投稿者　ゆきみ（女性・兵庫県）

霊媒師

霊的な力があるという人の存在は、肯定も否定もしてこなかった。

だが、明らかに常人とは違う力を持つ人が存在する、と思った話。


うちの嫁さんとは結婚して十数年になるが、じつは結婚前にこんなことがあった。

当時、彼女は大阪ミナミにあるアメリカ村のファッション店で働いていた。

そんなある日、別のショップの面識のある店員の子が自殺した。失恋を苦にして、ガソリンをかぶって焼身自殺を遂げたのだ。


数日後、ショックを受けてしまった彼女から私に相談があった。

自殺した女の子から、生前にもらったヌイグルミとGパンが気味が悪いという。

亡くなった子の形見にするほど親しくはなかったし、なによりもその子と関わりのある物を持っているのが、本能的に怖い気がするというのだ。

困った私は母親に相談した。

母親は寺巡りが趣味で、知り合いに霊媒師もいることから、何とかしてくれるのではないかと思ったからだ。

事情を話し、小包でそれらを郵送するので処分してほしいと頼んだ。


しばらくして、母親が霊媒師に供養してもらうべくその荷物を持って行ってくれた。

すると、霊媒師は母親が部屋に入った途端、声を上げた。

「今日はまたえらいもん持ってきたなぁ！」

「えっ、わかるんですか？」

母親は霊媒師に何も詳しいことは話していない。

「あんたの持ってきたその荷物、若い子が三人憑いてるで。やっかいやなぁ」

そう言いながらも、霊媒師はそれらの荷物をねんごろに供養してくれたらしい。

そんな経緯を母親から聞いた私は、思いもかけない展開に驚いた。

しかし、供養も済んだので一件落着と言いたいところだったが、私はまだ気になることがあった。

それは霊媒師が言った「三人憑いてる」という言葉。

気になるので、彼女に事の経緯を話してみた。

すると、彼女の顔はだんだんと強ばり、見る見る青ざめていった。

「じつは、あの子には兄弟が二人いて、その二人も変死してるらしいねん」

ずばり的中ということである。

霊媒師の力をすごいと思うと同時に、体の奥底からゾ〜ッとした。

投稿者　Y・N（男性）

トイレ掃除

土地や建物に何か因縁があるのか、それとも人が集まる所だからなのか。

わかる人にはわかる異変が起きることがある。


東京の渋谷で、明け方まで営業しているレストランでバイトをしていたことがある。

すぐ裏にお寺があり、地元では〝出る〟という噂があったのだが……。

そんな因果な店で、霊感が強い女の子と一緒に深夜勤務で働いていた。

あれが起きたのは、ある夏の深夜のこと。

ちょうどトイレ掃除をしていた時だった。お客が少ない閉店前の明け方に、掃除をやることが多い。

通路を挟んで男性用と女性用があり、その間に用具入れの扉がある。

男性用には個室が一つしかなくて、その奥に板で隠された防火用の窓があった。私はなぜかこの個室トイレが怖かった。

個室トイレのそばにある防火用の窓から、何かが入って来ようとする気配をビンビン感じていたからだ。

「あのさぁ、私、男子トイレの個室の掃除がなんか怖いんだよね」

「ああ、私も怖ぃ！」

霊感のあるその子も同じことを言う。

怖いと思う原因がわからないので、何も考えないようにして一人で掃除をしていた。

ただ、どうしても個室の中には入れず、外から半身だけ入れて掃除するというスタイル。

ある日、朝四時くらいに私が掃除に行った。

やはり何となく怖い気がするので、いい加減な手抜き掃除で男子トイレを終わらせた。

一安心して向かいの女子トイレの掃除を始めた。

だが、その日に限って、ここも怖い。

……そう、女子トイレの扉の前の通路に、なぜか〝それ〟がいるのがわかった。

男子トイレにある窓の外にいたはずなのに……。

いつの間にか入ってきて、男子トイレを越え、私のいる女子トイレの前まで来ている。
全身にゾワッと鳥肌が立った。
背筋に冷たい電流が走るような気味悪さを覚えた。
(ああ、これは子供だ……!)
直感でそう思った。
小さな黒いシルエットが、曇りガラス越しに透けて見える。
扉一枚を隔てて、上目遣いで私を凝視しているのを感じた。
(やばい! 逃げないと!)
掃除用具を全部抱え、足で扉を蹴り開けてダッシュで駆け戻った。
「あんた、大丈夫? 真っ青だよ!」
霊感のある子が異常を察して駆け寄ってきてくれた。

翌日からは夜が明けてから、何があっても二人揃って掃除しに行くことにした。
それでもしばらくは怖かった。
というのも、〝それ〟はトイレのそばから動かなかったからだ。
しかしある日のこと、〝それ〟は突然いなくなった。二人でなんで? と思っていた。

その早朝、仕事を終えての帰り道、寺の前を通ってギョッとした。
『施餓鬼法会』。
あれは子供のイメージだった。このせいでいなくなったのかな、と思った。

投稿者　みち（女性）

異

世の中のすべての事象は、正常か異常かの二者択一だけで成り立つ。
圧倒的多数の日常の退屈の中に、突如紛れ込んでくる怪異。
制御不能の現象が激震となり、人間の小宇宙に容赦なく飛来する。

異国のお坊さん

その不思議な坊さんに出会ったのは、ミャンマーでのこと。

タイ在住の私は、ミャンマーにビザを取るために五日間の予定で出かけた。

ミャンマーは軍事政権なので、首都ヤンゴンへは厳戒態勢の中での旅行だった。

ホテルはヤンゴン市内から三十分ほど離れていて、おりしも戒厳令が出ていて、どこにも出かけられない状態だった。

だが、近くの寺に行くことだけは許されていた。

手持ち無沙汰だった私は、これ幸いとその寺に行ってみることにした。

寺に着くと、一人の坊さんが親しげに寄って来た。

坊さんは片言の日本語を使う。訊くと以前ビルマと呼ばれていた時に、日本兵から日本語を習ったという。そんな片言の言葉で、色々と私に訊いてきた。

だが、一つ一つ答えてるうちに、だんだんその坊さんを不思議に思うようになった。

というのも、その坊さんが語る戦争の話は、自身が体験しているというのだ。もし、その坊さんが戦争経験者なら、とうに百歳ぐらいになっているはず。だが、どう見ても四十五歳ぐらいで、私とたいして変わらない歳にしか見えない。聞きかじった戦争の話をしているのかとも思ったが、それにしては微に入り細に入った自身が体験したかのような口調。

たいそう長い時間話した後、疲れてしまったのか、坊さんは境内の奥に引き上げて行った。私も所在がなくなったので、ホテルへ戻ることにした。

翌日の夕方、何か気になったのでその寺に行き、また会えるかと坊さんを待った。するとと、十八時頃にどこからともなく現れ、今度は寺の中を案内してくれた。薄暗い寺の中のめったに見られない箇所を見せてくれ、また色々と話もしてくれた。

戒厳令下のサイレンが威圧的に鳴り響いても、帰れとも言わないので、私は坊さんの話に聞き入っていた。

話題はミャンマーの特産物の話からミャンマーという名称の謂れまで、延々と興味深い話を聞かせてくれた。

お礼を言って帰宅する頃には、夜の八時近くになっていた。

さて、次の日は移動日だった。

昨日の坊さんにお別れの挨拶をしようとまた訪れると、寺の奥で煙が空高く上がっていることに気づいた。

枯れ木でも燃やしてるのかと思ったが、煙の様子がどこか違っていた。

いったい何なのかと尋ねると、葬式だという。

初めて見るミャンマーの葬式だったので、写真を撮らせてもらうことにした。敬虔な儀式の様子や取り巻く坊さん達の姿をカメラに収めた。


そして、遺影の写真を見たとき、私は自分の目を疑った。


そうなのだ。昨日までずっと話していた坊さんに瓜二つだった。

というか、写真の肖像はそのまま歳を取らせた感じだった。目元や鼻や口、間違いなくあの中年の坊さんだった。

あまりにも不思議に思い、その寺の別の坊さんに通訳をつけてもらって訊いてみた。

すると、遺影の人はこの寺の最長老の坊さんで、百歳で他界したばかりだという。しかも、しばらく病院に入院していたというのだ。

私は懸命に昨日も一昨日もこの寺で話したと言うと、それは有り得ない、その二日間は病院で寿命が尽きようとしていたとの答えだった。

私と片言の日本語で話した坊さんは、果たして誰だったのか……？

怖さよりも不思議な気持ちで、私はミャンマーを後にした。

投稿者　まさ（男性・タイ）

成人式

一月になると、二十歳の成人式のことを思い出す。

だが、北海道札幌での成人式は、華やかな思い出ではない。

なんとも奇妙で、説明のつかないことが起こったのだ。


友人たちは、ほとんどがスーツ姿で式に出るとのことだったが、私はどうしても白い袴を身に着けたいと思っていた。

レンタルをいろいろ調べてみた結果、安くても八〜十二万円ぐらいが相場。たった一日だけなのに、けっこう高いものだと思っていた。

そんな折、友人が新聞の広告欄を見せてくれた。そこには〝袴レンタル一式一万円〟と書かれていた。

（安い！　よし、ここで決まりだ！）

私はそれを目にした瞬間、一も二もなくそこで借りることを決めた。

その広告を持ってきた友人も、私の入れ込み具合にほだされたようだった
「よし、一生に一度だし、一万円なら俺も袴にするわ」
意気込んでそう言うので、広告に書かれていた貸衣装屋に電話をした。
運よくまだ空きがあるとのことだったので、その場でレンタルの予約をした。

成人式当日の朝。

その日は快晴で、積もった雪に反射する太陽の光がキラキラと眩しく、まさに成人式日和ではあった。

広告に書かれた住所を頼りに、指定された時間に貸衣装屋に向かった。

店は町外れにあり、廃墟のようなボロボロで今にも崩れ落ちそうなビルの中にあった。

「うわぁ、なんじゃこれは。気持ち悪いなぁ」

友人は一目見るなり嫌な顔をした。

私も気持ちは同じだったが、今更仕方なく、ビルの三階へとエレベーターに乗った。

他の階はどこもテナントが入っていないような、まさに幽霊ビルだった。

私は霊感とかはないが、エレベーターが三階に着き、貸衣装屋のドアを開けて入った瞬間、何とも言えぬ重苦しく湿ったような空気を感じた。

（こんなに天気がいいのに、なんでこんなに薄暗いんだよ……）

そんな第一印象のまま、カウンター前に進んだ。

カウンターの受け付けらしき場所には人の姿がない。というかビル全体、貸衣装屋全体が死んでいるかのような雰囲気である。

「すいませーん！」

奥に向かって声をかけると奥の扉が開き、腰の曲がったお爺さんがゆっくりと出てきた。

「お待たせしました。どうぞこちらへ」

嗄れた声で奥の部屋へ案内される。

そこには予約してあった白い袴が用意されていた。そのお爺さんが無愛想な表情で、着付けなどすべてを世話してくれた。

それでも白い袴を着けて、だんだんその気になってきた私たちだったが、ふと奇妙なことに気づいた。

成人式当日なのに、ここには私たち以外客がいないのだ。激安なのだから、もっと客が来ていてもいいはずなのに……。

何はともあれ、式の会場に行かなければならないので急ぐことにした。

衣装を返しにくる時間を決め、格安のレンタル料一万円を先払いする。そして付属品として、下駄と扇子をそれぞれ持たされた。

友人が借りたものはどれもきれいなものだったが、なぜか私に与えられた扇子だけはかなり薄汚れているだけでなく、少し破けていてなんとも汚らしいものだった。

しかし、袴はちゃんとしていたし、ここでケチをつけるのも大人気ないと思ったので、そのまま扇子を持って会場へ向かった。

会場へ着くと久し振りの友人たちとの再会があり、記念に何枚も写真を撮った。楽しく賑やかに式が終わった後も、袴を返すまでまだ時間があったので、その足で職場や実家などに行き、袴の姿を自慢気に見せびらかせ、そこでも沢山の写真を撮った。

やがて衣装を返す時間が近づいてきたので、友人とまたあのボロビルへ向かった。その時は陽も落ち、すっかり夜になっていた。暗い夜にそのビルを見ると、より一層不気味な建物だった。

エレベーターで三階に着き、貸衣装屋のドアを開けるとまた誰もいない。

何度か声をかけると、奥の扉が開いて今朝のお爺さんが出てきた。ただその時、お爺さんの着ている服を見て、どこかで見たような気がした。

どこで見たのかまでは思い出せず、とりあえずお礼を言って衣装を返却した。

袴を脱ごうとして腰に差してある扇子を手に取った瞬間、唐突にお爺さんの服の柄をどこで見たのかを思い出した。

それはみんなで写真を撮ろうと、そのボロボロの扇子を開いた時だった。

その扇子に描かれていた柄は、お爺さんが今着ている服の柄と同じものだった。

（こんなことってあるのかなぁ？　偶然なのか、何か有名な柄なのかも……）

不思議ではあったが、面倒だったので何も訊くこともせず、貸衣装屋を後にした。

何日かして、成人式の日に撮影した写真を現像に出した。

出来上がった写真を楽しみに取りにいき、一枚一枚確認した。そこには成人式ではしゃぐ袴姿の自分が写っていた。

（ん？　……ん？　なんでだよ……）

初めはわからなかった。二十数枚の写真を見ていくうちに、おかしなことに気づいた。

（扇子がない……！　というか、写っていない……）

二十数枚すべてにだった。

私が持っているはずの扇子だけ、まるで透けたかのように一枚も写っていないのだ。

扇子を腰に差していた写真も、扇子を開いてポーズを決めて撮った写真も、扇子を持っているはずの手の中には何もなかった。

軽く握っている手の形のまま、扇子だけが透けてしまっている。

これは心霊写真なのだろうか？　さっぱり原因がわからなかった。

描かれていた柄が、あのお爺さんの服の柄と同じだったということは、やはり何か曰くでもあるのだろうか。

幸いなことに、霊障のようなものは私の身に一切起こっていない。


一年近く経ち、次の成人式が近づいたある日、親しい後輩から電話がきた。

「先輩、成人式で袴を着たんですよね？　僕も今年着ようと思ってるんですけど、いくらでレンタルしました？」

一万円でレンタルしたと言うと、驚いたようで、ぜひその貸衣装屋の電話番号を教えてくれと言う。

あの扇子のことがあったので、あまり勧めたくはなかったが、別に悪いことが起こった訳ではなかったので、まぁいいかと携帯に登録してあった番号を教えた。

後輩がすぐに電話したが、『おかけになった電話番号は、現在使われていません』と。

奇妙なことに、私はなぜかそこの貸衣装屋の名前も、一年前に行ったあのボロボロのビルの場所も、まったく思い出すことができなくなっていた。

町外れにあったということ以外は、すべて。

投稿者　古田昌大（男性・北海道）

舞鶴道

説明のつかない出来事の中でも、時折り聞くことのある〝時空を超える〟という異変。

この話も、常識では有り得ないことが実際に起きた。


あれは私が大学四年の時だから、もう二十年近く前になる。

当時、京都伏見区で下宿していたが、ひょんなことから急に友人とツーリングに出かけることになった。

その日、季節は桜の咲く前でまだ肌寒かった。下宿の部屋で友人とダラダラとテレビを見ていた。

「面白くないなぁ、どこか走りに行こうか？」

突然、友人が言い出したのは、もう夜の二十二時はとうに過ぎた頃。

蟹でも食いに行くかと安直に行き先を決め、バイク二台で出発した。

一路、舞鶴を目指して順調に国道九号線を走っていた。老いの坂を超え、やがて舞鶴道に入り、そのまま北上を続けた。

友人はスピードを上げ、どんどん私の先を走る。夜でもあり視界が悪かったので、私はゆっくりと走った。

いくつ目かのトンネルに突入した。トンネルは少し下り勾配で、やや右に曲がっていて見通しの悪い形をしていた。

早めに減速し、ゆっくりと出口に辿り着いた。


それは、トンネルの出口を出た途端に起きた。

物凄く眩しいヘッドライトが、反対車線からちょうど私の目の高さで、こちらの車線に向けてバシッと光った。

トラックだと思った。トラックが反対車線にはみ出してきたと思い、急ブレーキをかけたところそのまま転倒。後続の車に轢かれまいと、必死に道路の左側に逃げた。

じっと動かず、まずは体のチェックをした。こういう事故の場合、骨折していても脳内にアドレナリンが回っていて、興奮して痛みを感じないこともある。

じっくりとあちこち体を触りながら、痛みがないか確かめた。幸い右肘の擦り傷だけで、出血も少ないように思われた。

とは言うものの、暗くて辺りの様子がよくわからない。

転倒したのはトンネルを出てすぐだと思っていたが、近くにあるはずのトンネル内の照明が見えなかった。転倒して、もっと道路の先まで滑っていったのかとも思った。

周りは霧が出ているのか、視界が利かないという状態だった。

道路の脇へ寄っているつもりなのだが、どこにいるのかもわからない。

周りに注意を払いながら、友人が引き返してくるのを待つことにした。

ふと、さっきのトラックのことが気になった。

こちらが転倒したのはわかっているはず。事故ったかと、近くで一時停止しているだろうと思った。しかし、トンネルの方を仔細に窺ってもトラックらしき姿はない。


もう一つ、不思議なことがあった。

地面がアスファルトではなく、真っ黒な泥土だった。

薄明かりに両手をかざすと、両手は泥だらけになっている。

真っ暗の中、手探りでバイクに近づくと、まず驚いたのが、まったくエンジンが稼動した形跡がなかったことだった。

二時間も走ってきたのだから、マフラーは熱いはずなのに……。

マフラーはなぜかひんやりして、触れると気持ちがいい。

（はぁ、どうなっているんだ……？）

状況がまったく理解できず、狐につままれたような気分だった。

運の悪いことにタイヤはひん曲がっており、自走できない状態。友人が心配して戻ってくるのを気長に待つしかなかった。

何時だろうと時計を見ても、なぜかとんでもない時間を指している。当時は携帯電話もなかったので、自分は動きようがなかった。

辺りは漆黒と言っていいほどの暗さで、しかも深い霧。数時間かそれとも数十分だったのかさえ定かではないが、とにかく待ち続けるしかなかった。

友人が戻ってくる気配がないので、仕方なく今度は朝を待った。


やがて、辺りはうっすらと明るくなってきた。

五時か六時かなと思ったが、霧は一向に晴れず、まるで雲の中にいるような感じ。

すると、ガラガラと音を立て、何か動いてくるものがあった。

その光景は今でもはっきり目に焼きついている。それを目の当たりにした時、茫然としてしまい、次に底知れぬ恐怖で腰を抜かしてしまった。

それは、大八車だった。

しかも、ぼさぼさの丁髷を結った薄汚れた男が二人、大八車を引いていた。

大八車の荷台には、竹で編んだような大きな鳥かごのようなものが乗っていた。

驚愕で声を出すこともできず、じっと息を殺して見詰めていると、その大きな鳥かごの中に人が閉じ込められているのがわかった。

みすぼらしい着物とザンバラになった頭髪が異様だった。鳥かごの方から汗と垢にまみれたような饐《す》えた臭いもしていた。

その大八車は、足早に目の前の土の道を通り過ぎていく。

鳥かごの中の人物と、瞬時目が合ったような気がした。私は顔を動かさず、目だけでそれを追ったが、大八車は再び霧の中に消えていった。

恥ずかしい話だが、余りもの異様な光景に恐怖を感じ、私は失禁していたようだ。

茫然自失のまましばらく経つと、ようやく辺りが明るくなったきた。

私はそこにいるのが堪らなくなり、友人を追ってその場からそっと離れた。

かつてない異様な体験と理解を超えたパニック状態で、訳もなく涙が溢れる。情けないが、霧の中の道を泣きながらトボトボ歩いた。

しばらく行くと、霧の中から人の声が聴こえてきた。

声が聴こえる方角に耳をそば立て、そっと様子を窺いつつ近寄っていった。

ほんの十メートルから十五メートル先に人の影が見えた。それも大勢だった。

さっきの異様な光景が続いているのか、そこにいるのはザンバラ頭の着物姿の男女ばかり。現代にこんな格好の人間はいない。

見つからぬよう様子をさらに窺ってみると、大勢の人々は背丈以上もある竹の柵の前に集まっている。みんな無言で、竹の柵の奥を注視していた。

私もそっちに目を遣ると、なんとさっきのザンバラ頭の男が土下座して首を垂れている。

その後ろには刀を手にした侍のような人物が。


刑場？　まさか……。

何が起こっているのか、私にはまったく理解できなかった。

刀は本物のように見える。まさか殺す気か？

と思った瞬間、侍のような男は上段に刀を構えた。無言の気合で刀が振り下ろされた瞬間、私は気を失ってしまった。

「大丈夫ですか?」

誰かが私を揺り起こしている。

薄っすらと目を開け、初めて周りの状況に気がついた。すべてが元に戻っていた。すっかり朝になっており、私はバイクを停めて道端のベンチに横たわっていた。時計は正常に動いており、朝五時を差していた。

バイクはやはり前タイヤが歪んでいて、自走できない状態。右肘も怪我をしている。おまけに失禁も……。

当然、一連の出来事は夢だったのかと思った。

まったく訳がわからないのだが、確かなことが一つあった。

両手は、なぜか泥だらけだった。

しかも、田んぼにでも入ったかのような真っ黒の泥。もちろんバイクで田んぼに突っ込んだ覚えはない。

道路やベンチの辺りにも、泥などまったく見当たらない。

あの霧の中の大八車、刑場で見たものは夢だったのか……。

いや、ならばなぜ手がこんなに汚れているのか。

事故のショック状態で、あんな訳のわからない強烈な夢を見たのだろうか。

あるいは時空の歪みにでも紛れ込んだのか……？


事故後、病院で精密検査を受けたが異常はなかった。

その後、今まで普通に生きているから、恐らく頭には異常はなかったのだろう。

だとすればあのリアルな人物や臭い、あの土の道の感触、気がついた時に泥だらけだったあの両手の謎は何だろう。そして、トンネルを出た時に浴びたあの強烈な光は……。


あれは、トラックではなかった。

後日、気づいたのだが、光は一つだったからだ。

トラックの姿は目撃していないし、エンジン音も聴いていない。

それに光は自分の目の高さにあった。そんな高い場所にトラックのライトがあるはずがない。

本当に不思議な体験だったとしか言いようがない。

投稿者　しん（男性・大阪府）

二歳の死

幼くして亡くなった兄のことで、父から聞いた因縁めいた話。

あれは偶然だったのか、いや、もし偶然ではなかったら……。


兄は私より五歳年上だった。

しかし、私は兄を知らない。なぜなら兄は二歳の時、腸閉塞を患って亡くなったから。

もう五十数年前のことになる。

兄は母方の故郷に遊びに行った先で腸閉塞を患い、和歌山県海南市の某病院に入院した。

しかし、手厚い看護の甲斐もなく、たった二歳で生涯を閉じた。

幼かった兄は亡くなる前、ピストルの玩具を欲しがっていたらしい。そして、いよいよ息を引き取る間際のとき、父親に呟いた。

「おとうちゃん、ぼく、もうピストルいらんわ。おはながほしい……」

そう言い残して亡くなったという。

そんな兄が不憫で、父母の悲しみは相当なものだったと推察する。

「今は辛く悲しいと察しますが、どうかこの逆境を乗り越えて下さい」

葬儀のとき、寺の住職からも励まされた。

四十九日の法要も済み、初盆の時に寺より突然連絡があった。

「じつは、住職が急逝しましたので、代わりの僧侶を法要に伺せます」

住職はそれまで元気だったらしい。

死因は不明で、心不全ということで処理されたようだ。


その後わかった驚きの事実がある。

これもまた兄の初盆のときの出来事だったそうだ。

兄の治療を担当してくれた病院の医師もまた、亡くなっているというのだ。

車を運転してガードレールを突き破り、谷底へ転落したとか。

偶然といえば偶然かも知れないが、兄に関わった二人が兄の初盆に鬼籍に入ってしまった。不可解なのは兄を助けようとした者、また兄をねんごろに弔ってくれた者が、初盆の日に亡くなってしまったこと。

信じがたいことだが、周りの口さがない者の間で、兄が二人を連れていったのではないかと囁かれた。

投稿者　ファンコクサイ28号（男性・和歌山県）

鱒釣り

釣り道具屋で買い物をしたとき店主に聞いた話で、ほんの数日前のことだという。

湖の底には、自殺者が立ったまま沈んでいることがあるそうだ。


その釣り道具屋の店主も釣りが大好きで、よく栃木県の中禅寺湖に出かけていた。

狙う獲物は鱒。ボートで湖に漕ぎ出し、深場で大物を狙うという。ただ、湖底には沈んだままの死体が、何体もあるという不気味な噂があった。

湖はかなりの深さがあり、水温は低いままなので、死体はほぼ原形を保っているという。

「深い深い水底でね、死体はゆらりゆらりと揺れているのさ」

店主はまるで見てきたようなことを言う。

両手を上げ、湖に沈んだ時よりも伸びた髪の毛を逆立て、目を見開いてゆらりゆらりと揺れているという。

私は店主の怪談めいた話を笑いながら聞いていた。

店主はなおも続けた。

鱒を狙う釣り人たちは、湖底近くまでルアーを落とす。大物は底深くに潜んでいるからだ。

ルアーを下したままボートを漕ぐと、ズシッとしたアタリで鱒が食いついてくる。

ただ、重い何かが掛かって、少しのやり取りの後、抵抗せずに上がってくるようなら、すぐに釣り糸を切った方がいいといわれている。


店主が沖にボートを出したその日は、まったくアタリがなかった。

最後の一投にしようと、底すれすれに仕掛けを沈める。しばらくすると、ガツン！　大物が掛かったのか、確かな手応えがあった。すかさず合わせて強くリールを巻いた。

すると、ズズズズッという緩慢な感じで仕掛けが上がりはじめた。

（これは、もしかして……）

そう思って釣り糸を切ろうした瞬間、仕掛けがふっと軽くなった。

魚が浮遊して釣り糸に弛みが出たのかと思った。よし！　とそのまま糸を切らずにリールを巻き上げていった。

辺りは暗くなっているので、水面下の様子は見えない。ただ、何かを咥え込んだルアーは順調に巻き上がってくる。

やがて、弧を描いたロッドから伸びるラインの先に、水中のルアーが見えはじめた。

ボートから湖面に手を伸ばし、ルアーを左手で掴もうとした。


ガシッ！　伸ばした左手を水中の〝何か〟が掴んだ……。


暗い水の中に何がいたのかはわからなかった。

鱒ではないことだけは確かだった。

店主はすぐに釣り糸を切った。ロッドは跳ね上がり、釣り糸にかかっていたテンションは一気に解放された。

何かが静かに湖底へ沈んでいった、ように思われた。


店主は私に左手首を見せてくれた。

それを見た途端、私は釣り銭を取り落としてしまった。

手首は部分的に赤黒く変色していた。まるで、強く掴まれた手の痕のように……。

店主が私を怖がらせようと、どこかで傷めた手首をそんな突拍子もない話に仕立て上げたのかも知れない。

ただ、春の華厳の滝は氷が融けると、自殺者の遺体が岩に引っかかって発見されることがあるそうだ。

時には、眼球や口唇にルアーが引っ掛かっている遺体もあるという。

投稿者　やまちゃん（男性・埼玉県）

県境の峠

常日頃よく通る道路で、突然不可思議な現象に遭遇することがある。

もともと良くない場所なのか、たまたまなのかは知る由もないが……。

大内峠は、福井県坂井市丸岡町と石川県山中温泉とを結ぶ標高三百メートル程の峠。福井県側は幅員が狭く、その上急勾配で九十九折れときている。いつも薄暗く、見通しの悪い峠で、冬期には通行止めになっていた。

今はやっとバイパスができて、快適に走れる永平寺から山代山中温泉への最短ルートになったのだが、この旧道に絡む奇妙な話がある。

二十年ほど前、友人の家へ泊まりで遊びに行くために、この旧道を利用した。

小雨の中、大内峠を目指し、夕暮れの薄暗い中を一人で走っていた。九十九折れも半分を過ぎた辺りだろうか、道路の右下に落ち込む深い谷から白いモヤが、車の前方に湧き上がってくるのが見えた。

（なんだ？　霧か？　このままだとあの中に突っ込んでしまうなぁ……）

少し不安に思いながら走っていると、モヤは車の直前をかなりの速度で通過した。

普通なら、モワ〜っと煙のように立ち込めるはずだが、それはモヤの前方から後方にかけて段々細くなっていく形をとっていた。

まるで、巨大な人魂のように〝頭と尻尾〟というような形状のまま、車の眼前を上に向かって昇っていったのだ。

意志を持ったようなモヤの動きを不思議だとは思ったが、怖いという感覚はなかった。


その後、何事もなく友達の家に着き、飯を食った後スナックへ行った。

しばらく友達と話していて一段落すると、店の女の子が話に加わってきた。

「いらっしゃい。こちら初めてだけど、どこから来たの？」

「福井から、山越えで」

答えると「ふ〜ん、そうなんや……」と変な顔をして口ごもる。

「あっ　そういえば、来るときに峠の近くで変なモヤを見たわ」

「えっ！　変なモヤって……どんなの？」

女の子が食いついてくる。

「ああ、なんか細長くって、えらい速いのが谷底から上に通り過ぎたんだけど」

「…………」

女の子は返事もせず、何かを思い出そうとするように眉間に皺を寄せている。

「ねぇ、どうかしたん？」

「あの辺りおかしいのよ。私も去年ね、酔った勢いで友だち四人とあの峠のトンネルに肝試しに行ったのよ。そしたら、トンネルの天井から逆さまになった女が、車めがけて突っ込んで来たのよ」

モヤとは関連ないが、女の子の怪異の現場は、やはりあの峠付近だという。

どうせみんな酔っ払っていたから、そんな風に見えたのだろうと茶化したが、運転していた子はシラフだったと語気を強めた。

「知り合いなんか、トンネルでボンネットの上を女に這いずり回られたんだから……」

峠での怪異談は次から次へと出てくる。


すると今度は、友人が思い出したように話しはじめた。

「あの道さぁ、ダム本体の上が国道になっとるやろ。俺の仕事仲間が息子を連れて、夜の十時頃にダムの水銀灯へカブトムシ捕りに行ったんや。そしたら、絶対有り得んことやけど、ダム湖にボート漕いでる奴がおったらしいぞ」

確かに、これも峠のほど遠くないところにダム湖がある。

こんな夜更けによくボートなど漕げるなぁ、気持ち悪くないのかなぁ、と思って目を凝らしていた。

すると、見られていることに気づいたのか、ボートはこっちへ舳先を向けたらしい。漆黒のダム湖をキィーコキィーコとオールを漕ぐ音がだんだん大きくなり、すぐそこに迫って来たので、大慌てで逃げ帰ってきたというのだ。

スナックは峠の百物語会場のようになってしまった。


翌朝は気持ちのいい快晴だった。

何のためらいもなく、帰りのルートもその峠にハンドルを向けた。

それはトンネルに入ろうとした瞬間だった。

それまで無風状態だったにも関わらず、もの凄い数の落ち葉が、自分の車めがけて襲いかかるように吹いてきた。まるで通るなと言わんばかりに。

投稿者　ゴリラ（男性・福井県）

三人塚㈠――土盛り

たとえ子供の遊びであろうと、聖域は侵してはならない。ましてや、それを破壊するという行為は怖ろしい報いが降りかかることがある。

この因縁めいたおぞましい話を聞いたのは、高校一年の時だった。

当時、私は器械体操部に入っていた。二年生部員がいなかったせいか、練習のとき以外は先輩たちも一年の私たちにはフレンドリーに接してくれていた。

その中で、いちばん面倒見の良かったのが青木先輩（仮名）だった。

「この話さぁ、すげぇ怖いんだけど多分今も続いていると思うんだよ」

ある日、浮かぬ顔をして青木先輩が話しはじめた。

青木先輩は隣り町の出身。

彼が小学三年生の二月に、その町を舞台に奇妙なことが起きはじめたという。

当時、彼が通っていた小学校は山の中にあった。雪は春まで溶けることがなく、雪遊びをするには絶好の地域だった。

青木先輩には特に仲の良い友達が三人いた。仮に馬場君、千田君、大川君としておこう。ある日の放課後、馬場君がソリ遊びができる凄い坂道を発見したから、みんなで滑りに行こうと興奮して誘ってきた。

場所を訊くと、学校のずっと上にある墓地へと続く坂道だという。

一瞬えっと思ったが、その道の途中にある横道がそれらしい。それでも墓地の近くということで皆は尻込みしたが、馬場君は意にも介していない様子。

「すっごい直線が続いて、スピードが凄い出るんだぜ！」

穴場を発見した興奮も冷めやらずで、楽しそうに熱く語る。

そんな熱意にほだされ、そこまで言うなら行ってみようかということになった。

当時は今のような強化プラスチック製のソリなど無く、青木先輩たちのソリ遊びは化学肥料の入っていた厚めのビニール袋の中にダンボールを入れ、ビニール袋に跨って滑るという単純な遊びだった。

墓地へと向かう坂道は、車がやっと通れるほどの細い道で、かなりの急勾配。

雪が降ると車は滑って上れないらしく、車の轍はほとんどなく、人の行き交った靴跡だけが残っていた。

「この横道から上がって、回り込んだところだよ」

馬場君は意気揚々と、さらに狭くなった横道に入っていった。

確かに、この道は人も通らないようで、雪が踏み荒らされた形跡がない。

馬場君によると、この道の先は墓地の裏手に通じているという。本道よりもさらに勾配があるので、冬場はまったく誰も使わないらしい。

昨日、馬場君が一人でソリ遊びに来た時にも、足跡はまったくなかったという。

横道に入って回りこむと「おぉ〜！」と皆が歓声を上げた。

両側を立ち木に囲まれた、三十メートルほどはありそうな直線の上り坂がそこにあった。

最高のコースに墓地が近いという懸念など吹き飛んだ。坂のいちばん下のカーブの所に、林に突っ込まないように雪で壁を作った。

坂の上から滑るとかなりのスピードが出るので、みんなはスリリングな時間を楽しんだ。

しばらく遊んでいると、何人かが滑るのを中断し鼻をクンクンさせている。

「どうしたの？」

「うん……何か、線香の匂いみたいなのが」

そう言われてみれば、確かにどこからか線香の臭いがする。

「お墓の近くだから、そこから匂って来るんじゃない？」

みんなはそう結論づけた。

だが、馬場君は知っていた。墓地はもっと上の方にあるので、こんなに下まで匂ってくるはずがないことを。

結局、原因がわからないまま、気にせずそのまま三十分ほどソリ遊びを続けた。


その日の夜、雪がしんしんと降りはじめ、朝起きると十センチ近く積もっていた。

青木先輩はワクワクしながら学校に着くと、さっそく馬場君たちと授業が終わったら、またあの坂に行こうと約束した。

授業が終わり、さっそく四人連れ立って秘密の坂道へと向かう。

昨日のソリ遊びで固まった上に雪が降り積もり、ツルツル滑って面白かった。

みんなは坂の上から一気に滑りはじめた。何度か滑り終わり、坂の真ん中で雪をかき集めてジャンプ台を作っていた千田君が何かに気づいた。

「お〜い、みんなちょっとこっちに来て！」

何だ何だとみんなが集まると、

「何、これ？」

みんなの表情を窺うように、雪道を指差す。

見ると、道の端に足跡があった。だが、よく見ると何か変だった。


それは靴跡ではなく、どう見ても人が裸足で歩いた跡だった。


五本の指の形まで、しっかりと刻印されている。

極寒の冬に、裸足で歩くなど考えられない。しかも、その足跡はソリで滑っていた坂道の端を一メートルほど沿って歩いた後、そこから林の奥へと続いている。

この坂にいるのは四人だけ。横道に入ってきた時には、誰も踏み入った形跡はなかった。ソリを持って坂の上に立った時も、上から降りてきた足跡などなかったし、ソリ遊びの間にも自分たち以外誰も坂道に入ってきていない。

この坂の上は墓地裏にしか通じていないし、こんな雪の日の夕方近く、しかも裸足で誰が降りてくるというのだ。

みんなは、子供心にもザワザワと掻き立てられるような妙な気分に侵食されていった。

「よし、見に行こう！」

突然、大川君が林の中へ入っていった。

人が一人やっと通れる獣道のような細い道を、足跡をたどって一列になって進む。

林の中をくねくねと曲がりながら上がって行くと、どこからともなく〝匂い〟がした。

それはあの日と同じ線香の匂いだった。

みんなは匂いにちょっとひるんだが、好奇心が勝った。

「おい、なんか広くなったぞ」

先頭を歩く大川君が立ち止まった。

確かに、あまり広くはないが少し開けた平地がそこにあった。

周囲は大木に囲まれているためか、ところどころ地面が剥き出しになっている。

その雪のない一角に、一メートルほどの長さの石柱が一本、二つに折れて倒れていた。

何かの文字が書かれていたが、崩し文字は誰にも読めなかった。

その平地の山際には、一か所だけこんもりと土が盛ってあった。盛り土の上には小石が五、六十センチほどの高さに積んであった。

それはまるで、山の頂上で見かけるケルンのようだった。

その盛り土の手前で、足跡がぷっつりと途切れていた。

いったいどこへ消えたのか。

さらに盛り土には、数本の線香の燃えかすがあった。

不思議だった。線香は消えているのに、なぜか辺りには線香の強い匂いが漂っていた。

怖いというより意味がわからなかった。

みんなは狐につままれたように、しばらく呆然と盛り土を見詰めていた。

「足跡、どこへ行ったんだ……?」

林はみんなが歩いて来た道以外には、どこにも抜け道は見当たらない。

完全などん詰まりで、道のない林の中へ踏み入った形跡もなかった。

「なんか変だね……」

「変だよな」

みんなは顔を見合わせるしかなかった。


すると、いきなり大川君がケルンのように積んである石をガラガラと崩しはじめた。

「やめろよ、何かのお墓かも知れないよ」

「罰が当たるぞ」

みんなは止めたが、そんな言葉を無視して崩すのを止めない。

「ほら、何かが埋まってる」

得意げに大川君が言うとおり、雪にまみれた石の間から何か埋まっているのが見えた。

しつこく崩し続ける大川君は、とうとうそれを掘り出した。

「ネックレス発見！」

彼が手にしたものは、幾つもの小さい珠が連なった直径二、三十センチほどのネックレス状になったものだった。

青木先輩は、今になって思えばあれは房の付いた数珠だったという。

しかし、当時はみんな小学生。数珠なんて知らないし、誰も疑うことなくネックレスだと思い込んでいた。

それは真っ黒な艶のない珠が連なってループになっていた。

大川君は戦利品とばかりに、それを右腕に二重に巻きつけた。

「♪～　金、銀、パールプレゼント」

その頃、テレビＣＭで流れていた歌をみんなで大合唱しながら坂道へ戻り、さっきまでの奇妙なことなど忘れて、再びソリ遊びに興じはじめた。

坂の上から勢いよく滑り出した大川君は、一つ目のジャンプ台をうまく跳び越し、さらに加速した。

一気に坂の下まで滑り、もう一か所のジャンプ台で大ジャンプする。と、突然、空中で右側へ体が傾き、林の中へと勢いよく突っ込んでしまった。みんなは大川君のひっくり返った姿が面白くて大爆笑した。

しかし、いつまで経っても大川君は起き上がってこなかった。

少し心配になって、まだ笑いながらみんなは駆け寄って行った。

「おい、大丈夫か?」

だが、彼は返事をしなかった。

近づくと、ジャンプ台の横に引き千切れたネックレスの真黒い珠が残骸となって、雪の上にバラバラに飛び散っていた。

大川君は右腕を押さえて呻いている。額も擦りむいたのか出血していた。どうも一人では立てそうにない。

「手が痛い、手が痛いよ～」

そのうち怪我のショックで、ボロボロと泣き出す始末。

仕方なく、いちばん近い馬場君の家まで連れて帰り、馬場君の父親が車で病院まで連れて行く騒ぎになった。

二日後の昼過ぎ、少しはにかみながら大川君が登校して来た。

重傷ではあるが幸い完全には折れておらず、亀裂骨折だったという。念のためにと石膏のギプスを巻いていた。

放課後、青木先輩たちは担任の先生と校長に呼び出され、こっぴどく叱られた。

この日以降、ソリ遊びは全面禁止となってしまった。

ただ、みんなは林の奥のあの平地でのことは黙っていた。

大川君を囲んでみんなで下校するとき、大川君が驚くべきことを告白した。

あの時、ソリで勢いよく滑り降り、ジャンプ台でジャンプした時、右腕を〝何か〟に力いっぱい捉まれ、横に引っ張られた感じがしたというのだ。

その瞬間、右の手首に巻いていたネックレスが砕け散ったと……。

三人塚（二）—怪我の法則

青木先輩たちが住んでいた町は谷間にあり、大まかに三段に分かれていた。谷のいちばん下は天竜川がとうとうと流れている。この地域は平坦な土地が多く、田畑ばかりで民家はぽつりぽつりぽつりという感じだった。

みんなが通っていた小学校は谷でも上の地域にあった。


季節は過ぎて夏休み中のこと。

夏休みの間、先輩は大川君と二人、天竜川の河原でよく遊んでいた。

その頃には、大川君のケガもよくなっており、毎日昼過ぎから夕方近くまで、川に石を投げたり小さな支流を流木や石や砂で堰き止めて、「ダム決壊！」などと言いながら遊んでいた。


ある日の午後、いつものように先輩は大川君の家へ遊びに行った。

ところが、明後日まで家族で旅行に行くので遊べないとのこと。仕方なく、先輩は一人で河原に遊びに行った。

所在なげに川沿いを歩いていると、あるモノに目が留まった。

それは骨だった。

もちろん人骨ではない。鹿などの野生動物の骨ということもなかった。

当時、この河原には、なぜか家畜の骨がよく散乱していたという。

聞くところによると、ずいぶん昔天竜川はよく氾濫して、かなりの被害を出していた歴史がある。川沿いにあった牛小屋が流され、死んだ家畜はそのまま放置された。病死した家畜を川に流して捨てられることもあり、そんな家畜の骨が川沿いに散乱していたらしい。

興味を持った先輩は、落ちている骨を拾い集めた。辺りを見回すと、ひときわ大きな牛の頭の骨を見つけた。

「シーボス発見！」

当時放送されていたウルトラマンに出てくる骸骨怪獣の名前を発しながら、先輩は「ミサイル発射！」と叫んで石を投げつけて遊びはじめた。

夕方になり、帰り際に先輩は暴挙に出た。

大きな平石の上に牛の頭の骨を置き、一抱えもある石を「スペシウム光線発射！」と叫んでそれに叩きつけた。骨はグシャッと、一瞬で粉々に砕け散った。

次の瞬間だった。

投げた大きな石が平石の上で跳ね返り、踏み出していた先輩の右足の上にゴロリと転がり落ちてきた。

石は靴の上から足を直撃した。爪先に激痛が走った。

先輩は足を引き摺って泣きながら家に帰った。靴を脱ぐと右足の親指の生爪がベロンと剥がれていた。

夏休みが明け、学校へ登校すると奇妙なことに気がついた。

仲の良かった馬場君が右腕に包帯を、千田君が先輩と同じように右足を引き摺っている。

どうしたのか訊いてみると、馬場君は裏庭の柿の木に上って、いつものように遊んでいたところ、突然枝が折れて落下して右腕を怪我したという。

一方、千田君は風呂の薪にしようと古い木箱を蹴り潰していた。

ぶらぶらになった箱を踏みつけた時、足の裏にチクッと痛みが走った。よく見ると木箱に使われていた古釘が刺さっている。

しかし、傷は浅かったのか、それほど痛くはなかったので放っておいた。

すると、夜になると辛抱できないぐらいジンジンと痛くなり、踏んだ足が腫れている。

翌日、医者に行くと踏み抜いた釘が錆びていて、化膿したとのこと。

まぁみんな子供のことだし、羽目を外す夏休み中のこともあり、誰しも怪我はするものだが、先輩や友達の怪我だけがけっこう酷かった。


それも、なぜか右側ばかり……。


最初はソリ遊びの大川君の右腕骨折だった。

そして先輩の爪先。馬場君の柿の木からの落下。千田君の釘踏み抜きと続いたのだ。

みんなは一様に冬のソリ遊びのことを思い出し、少し嫌な気分になった。

その時はもちろん、あの土盛りを崩したことに関連づけることはなかったのだが……。

三人塚（三）──悪夢の果て

ある日の朝、登校すると大川君が興奮しながら近寄ってきた。

なんと、心霊写真が撮れたという。


大川君の父親は当時の国鉄（現ＪＲ）に勤務しており、職員住宅に住んでいた。

夏休みに、両隣三家族で天竜川の河川敷で焼肉パーティーをしたそうだ。その時、大川君の父親が撮影した写真の中にそれはあったらしい。

青木先輩はその写真を見せてもらった。ニコニコしながら片手に箸、もう片手にジュースの入ったコップを持つ大川君が写っている。

何の変哲もない写真だったが、その背後に目を遣った先輩はゾッとした。

大川君の後ろには丈のある雑草が生い茂っていて、その雑草の間からボーっと二つの人影が立ち上がっているのがわかった。

しかも、その影はどう見ても大川君の方を向いている。

さらにまったく色がない。そこだけがモノクロ写真のようになっているのだ。

その頃流行っていた中岡俊哉の『恐怖の心霊写真』という本の写真の一枚に、列車の窓から撮った写真で、草原の中に人影が立っている写真があった。

その写真よりもずっと強烈だった、と先輩は言う。

「怖いなぁこれ……二人も写ってるよ」

すると、大川君は否定した。

「何言ってんだよ。ほら、よく見ろよ、三人だろ」

先輩は気づかなかったが、目を凝らして見ると川の中にもう一人立っているのがわかる。

天竜川は水量が多く、川の真ん中に人は絶対に立てない。


というより、それは水面に浮いており、どう見ても人であるはずがなかった。

そんな奇妙な写真は幼い子供心に興味を起こさせたが、まさか怖ろしい〝意味〟があるとは知る由もなかった。


年が明けて、四年生の二月になると大川君が妙なことを言いはじめた。

「オレさぁ、時々なんだけど、変な夢を繰り返し見るようになったんだよ」

気になったので、青木先輩はどんな夢かを訊いた。

「ああ、一つはさぁ……」

「えっ、一つじゃないの？」

大川君によると、おおまかに三つの夢を繰り返し見るようになったという。

一つは『溺れる夢』。

水面に出ようともがいていると、足を捉まれて下へ下へと引き摺り込まれてしまう。

二つ目は『落ちる夢』。

崖の下から大川君を呼ぶ声がする。上から覗いていると、背後から誰かに突き飛ばされて、崖の下へと転げ落ちていく。

その時、頭上からケラケラと笑う女の声が聴こえてくるというもの。

三つ目は『顔見知りの人達から暴力をふるわれる夢』。

夢によって相手は違うが、親や友達や先生など、顔見知りの何人かに殴られたり蹴られたりされるという。

まったく感情を出さない無表情の知人たちが、延々と暴力を振るいながら追いかけて来る。そして突然、後ろから首を絞められ、あまりにも苦しくて目が覚めるのだという。

どの夢も夢とは思えないほどリアルで、本当に怖いと大川君は落ち込んでいたらしい。

さて、その年の六月、授業中に突然大川君が呼び出され、慌てて家に帰っていった。

青木先輩はその日の夕方、母親から大川君の父親が事故で亡くなったと聞かされた。

大川君の父親は釣りが趣味で、休みになるとよく出かけていた。

事故があったのは、天竜川の鮎釣りが解禁されていた日で、釣り仲間と一緒に友釣りを楽しんでいたらしい。

大川君の父親は胸元まであるゴム長を履き、川の深みまで入って釣っていたそうだ。

一緒に釣りをしていた同僚の話によると、叫び声がしたので振り向くと、大川君の父親は川の中で足をすくわれたように転がり、激しい流れの中でもがいていた。

必死に立ち上がろうとはしていたが、ゴム長の胸元から一気に水が流れ込み、一人では立ち上がることができず、川の中に引き込まれるように流されていったという。

五百メートルほど下流まで流されて発見され、意識不明のまま病院へと担ぎ込まれた。

しかし、意識が回復することなくそのまま亡くなった。

二週間ほどして憔悴した大川君が登校してきたが、先輩は気の毒で声がかけられなかったという。

それから一年半ほど経ち、青木先輩たちは五年生になった。

父親を亡くした大川君にも、やっと以前の明るさが戻っていた。

すでに国鉄の職員住宅を引き払い、市営アパートに母親と引っ越していた。

ある日の学校帰り、いつもの仲間四人と他の学年の生徒三人の七人で、近くの神社の境内で隠れんぼをして遊んでいた。

彼らの間で流行っていた遊びがあった。

鬼が目を閉じて数えている間に、本当なら色々な場所に隠れるのだが、鬼だけを残してそっとみんなで帰ってしまうという今で言う放置プレイだった。

先輩も何度か置き去りにされた。しばらくあちこち探し回った挙げ句、放置されたことに気づいて怒って帰るということが二度や三度ではなかった。


その日も隠れんぼをしていたが、夕暮れ時になってとうとう大川君が鬼になった。

みんなは「ま～だだよ」と言いながら、申し合わせたように家に帰ってしまう。

夜七時頃だった。大川君の母親から息子が家に帰ってこないと電話がかかってきた。

季節は冬だったので、辺りは真っ暗である。何かあったのではと大騒ぎになった。警察、消防団が駆り出されて捜索がはじまった。

先生や父兄も参加し、先輩の父親も捜索に加わった。最後に目撃された神社付近を中心に、学校や天竜川の河原まで捜したが見つからない。

夜の八時を過ぎると、町の防災放送の大型スピーカーから地元小学生が行方不明になったと何度も放送が入った。

大勢の捜索隊が子供が行きそうな場所を隈なく捜したが、手がかりは掴めなかった。

そして深夜、大川君が消防団によって発見された。農業用の大きな溜池の中で……。

冬になると溜池は厚く全面結氷してしまう。

以前は、子供たちが氷の上でスケートの真似をして遊ぶこともあった。しかし、氷が割れて子供が落ち、溺れて死にかけたことがあったので、今は立ち入り禁止になり、周りには柵が巡らされていた。しかも、池の背後は崖が立ちはだかっている。

学校からも近づくことを厳禁されていたので、さすがに悪戯盛りの先輩たちも近づくことはなかった。

消防団も最初は気づかなかったそうだが、柵越しにサーチライトを池の奥に当てると、氷上に大量の土や石が散乱していた。よく見ると氷が割れた形跡もある。

消防団員が確認しようと溜池に下りたが、氷が割れそうで近づくことができない。

ようやくレスキューが到着して本格的に捜索がはじまった。

やはり……氷の下から大川君が発見された。すぐに引き上げたが、すでに息はなかったらしい。

その後、先輩は高熱を出し、一週間ほど学校を休んだ。

大川君を神社に置き去りにしたことをよっぽど悔やんだせいなのか、高熱のせいなのか、寝ている間に嫌な夢を繰り返し見た。

哀しい表情の大川君が仰向けに寝たままの体勢で、ズルズルと追いかけてくる。そんな悪夢でうなされ続けた。

親の話だと、大川君は崖の上から溜池に転落し、その衝撃で氷が割れて溺れたという。

結局は事故死だと判定されたが、辻褄の合わないことが幾つもあったとか。だが、小学生だった先輩たちは疑う余地もなく、なんとなく納得していたらしい。


事故死から半年後のある夜のこと。

老人会から帰って来た青木先輩の祖母が、両親とぼそぼそ小声で話しはじめた。先輩はそれとなく聞き耳を立てていた。

老人会の席で嫌な噂を聞いてきたという。大川君の母親のことだった。

祖母の話によると、大川君の父親が天竜川で亡くなった頃から、母親の様子が少しずつおかしくなっていったらしい。

精神科にも通っていたようだが、市営アパートに移った頃からそれは激しくなっていったという。

夜になると、よく大川君の泣き叫ぶ声がする。同時に母親の常軌を逸した金切り声や怒声が聴こえたりもした。

大川君が亡くなった後、近所から嫌な噂が流れはじめた。

（あれは事故ではなく、本当は……）

しばらくして、大川君の母親はこの町から去っていった。


この話を聞いていた先輩には心当たりがあった。

大川君の父親が亡くなった翌年の夏のこと。水泳の授業の時、彼の体に青痣が数か所あることに気づいた。それだけではない。この頃、しょっちゅう怪我をしていた。

「大川君どうしたの？」

「いや、何でもない……」

訊いても、目を伏せて話をはぐらかせていた。

ある時、とうとう堪らなくなったのか「お母さんに……」と告白をした。

先輩たちは絶句したが、何もしてやれない悔しさに身を震わせた。当時、DVという言葉もなかったし、家庭内暴力という言葉も知らなかった。

そんな陰を持っていた大川君が亡くなって、さらに一年後。

町から出て行った彼の母親が亡くなったと聞かされた。原因はわからないらしい。

ただ、様子からすると普通の亡くなり方ではないことは想像がついた。

うっすらではあるが、先輩は自分たちの周りに良くないことが続けて起きていることに気づきはじめていた。

三人塚（四）——不幸の連鎖

時は流れ、青木先輩は中学生となった。

千田君とは同じクラスになったが、馬場君は別のクラスになった。

それでも相変わらず三人仲良くつるんでいたが、みんなの暗黙の了解というか、あえて大川君のことは口にしないようにしていた。


しばらくは何事もなく過ごし、中学二年生になった年明けの一月。

この頃から、馬場君の具合が少しずつおかしくなってきた。

「なんだかよくわからないけど、足の付け根が痛いんだよ」

そんな弱気なことを言うようになった。

そしてその変調はだんだんと悪化していくようだった。

彼はサッカー部に入っているので、走ったりするのが辛くなってしまった。関節部分がどういう訳か凄く痛いらしい。

「いつまで経っても関節の痛みが取れないし、他のところも痛くなってきたよ」とか、

「家でさぁ、変なことが起きるんだ……」

体調不良だけではなく、オカルティックな話まで飛び出してくるようになった。

さらにはある日、馬場君の母親が険しい顔つきで彼に詰問した。

「あんた、仏壇の扉を閉めてんの？」

彼の家には仏間があり、そこに大きく立派な仏壇が置いてあった。

いつも仏壇の扉は開けっ放しだったのが、いつ頃からか扉が閉められ、フック式の閂まで下りている。

母親がふと気づくと、きちっと閉じられていることが多くなった。

当然、彼が悪戯で閉めているのかと疑われたが、もちろんそんなことをするはずがない。

不思議なことがあるものだと思っていると、血相を変えた母親から、とうとう怖いことが起こったと聞かされた。

それは平日の昼間のことだったという。

母親がまた仏壇の扉が閉まっていることに気づき、ムッとしながら扉を開けた。

母親が仏間から一歩踏み出すと同時に、背後からバタンと扉が閉まる音が聞こえた。

びっくりして振り返ると、扉が閉じられ閂がかけられている。

有り得ないことだった。

母親が言うには、その音はまるで怒りに任せて、叩きつけるように扉を閉めたような音だったという。


家でそんな異変が起きた数日後、馬場君の関節の痛みは我慢の限度を超えた。

ようやく医者へ行った彼は、即日緊急入院となった。重症だったのか、市立の大きい病院へと送られていった。

彼の突然の入院に驚いたクラスの友達は、みんなでお見舞いに行こうとした。

すると、家族からしばらくそっとしておいて欲しいと学校へ連絡が入った。

どういうことか理解できなかった。青木先輩は馬場君のことが無性に気にかかった。

病状のこともだが、それよりも次は自分にも何か良くないことが起こるのではないかという嫌な予感がした。

二週間ほど経ったとき、学校に連絡が入った。

突然、馬場君が亡くなったというのだ。悪性の骨肉腫だったと。

進行が異常なほど早く、あっという間に亡くなってしまったという。

青木先輩は、友達の身に降りかかる一連の不幸を目の当たりにして、真相がおぼろげに見えてきたような気がしはじめた。

「始めに、大川君の家族はすべて亡くなって家系は絶えてしまった……。続いて馬場君も亡くなったしな。冬が怖いんだよ、冬が。二月がね……」

すこし達観したかのような口調で、先輩は気持ちを吐露した。

「それとね、じつはヤバイことがわかったんだよ」

先輩は多分いちばん言いたかったことを口にした。

場所は定かではないが、なんでも山の中に〝三人塚〟と呼ばれる、かなり古くからある荒れた無縁塚が存在するらしい。

どういう謂れがあって、何人葬られているのかも不明だが、昔からいろいろ良くない噂があり、近くに住む人は誰も近づかなかったらしい。

やがて、その辺りに中央高速道路が通ることになり、この塚がルート上にあったので、移転することになった。

地元のお坊さんを呼んで、ちゃんと供養が行われた。

しかし、いざ工事が始まるか始まらないうちに、またお坊さんが呼ばれたという。

今度は有名な寺の住職が呼ばれ、大げさ過ぎるような供養が行われた。その際、住職は

〝何か〟を塚に納めたらしい。

ところが、やっと移転する段になると、今度は移転先の墓の檀家たちが忌み嫌うように反対をはじめた。結局、塚はあの墓に近い林の中に、ひっそりと祀られることになった。

やがて、高速道路が開通した。

ところが、元々三人塚があった跡付近で死亡事故が相次いだ。

緩やかな下り坂のカーブで見通しもよく、事故など起こりそうな場所ではない。しかし、どの事故もけっこう酷いものだった。

人が車外に放り出されたり、事故を起こしたドライバーが、同乗者を助けようと車を降りたところを後続のトラックに轢かれて上半身がなくなったりとか、聞いているだけで気分が悪くなるような事故現場の様子だったらしい。

先輩は、小学校三年の時にみんなで見つけた林の中のあの場所が、たぶん移転先の三人塚だったのだろうと思った。

夏休みに入ると、青木先輩たち三年生は就職だ進学だといって、ほとんど部活には出てこなくなった。

先輩が所属していた器械体操部は一年生だけの天国となり、毎回ダラダラと練習するだけの部活になった。

ある日、先輩がみんなに話した三人塚のことが話題になった。

「本当かなぁ、あの話。じゃあ見に行こうか？」

塚のある場所はだいたい見当がつく。

「いや、祟られたら怖いぞ」

反対する者もいたが、結局、好奇心の方が勝り、練習後に見に行くことになった。

そんな不穏な予定を入れたまま、鉄棒の練習をしていた時、事故が起こった。

鉄棒はコの字型になった鉄棒を床に開いた二ヶ所の穴に挿し込み、片側二本ずつ、計四本のワイヤーを床の金具に引っ掛けてしっかりと固定する。さらに、床には分厚いマットを敷いて、補助が必ず二人ついていた。

鉄棒が得意だった部員が、大車輪から逆手車輪に移行し、勢いよく回りはじめた瞬間。

突然、ワイヤーの一本が外れ、鉄棒がグラっと傾いた。彼はバランスを崩し、後頭部から勢いよく落下した。

幸い二人いた補助が体を張って支え、大事には至らなかったが、彼は寝違えたように首が回らないと痛みを訴えた。

ワイヤーを固定していた金具が床からすっぽりと抜けていた。

古い体育館ではあるが、こんなことは絶対に有り得ないのだが、実際有り得ないことが起こってしまった。補助がいなかったらかなり危なかっただろう。

部活のみんなは嫌な予感に怯えた。これは塚に行くなということではないのか、と。

一気に好奇心は失せ、塚を見に行くという無謀は取りやめた。

明けて二月、恐れていた、とんでもない連鎖が起こった。

青木先輩が亡くなった。交通事故だった。

三人塚(五)——塚の報復

とうとう青木先輩まで亡くなってしまい、葬儀はしめやかに執り行われた。

その折、器械体操部の顧問の先生は、肩を落とした先輩の母親から少し不可解な話を聞かされた。事故死の原因となった話だった。


先輩の実家は農家。

夕方になるといつものように、両親が農作業を終えて家に戻ってくる。急いで母親が夕飯を作り、二階の部屋にいた先輩を呼んだ。

しかし、いつまで経っても下りてこない。

何をしてるのかと二階の部屋まで呼びに行くと、灯りの消えた部屋で呻き声が聴こえる。

母親は電気を点けて驚いた。真っ青な顔をした先輩が、ダラダラ脂汗を流しながら畳の上をのた打ち回っているのだ。

父親は即座に救急車を呼んだ。

なんとか聞き取れた先輩の話によると、学校からの帰り道、バイクで下り坂を下っていると、突然人のようなものが飛び出してきたという。

避けようと急ブレーキをかけたらスリップしてしまった。弾みで反対車線までバイクごと横滑りし、ガードレールにぶつかった挙げ句、ハンドルで腹部を強打した。

痛みに耐えて起き上がり、周りを見るが誰もいない。

「大丈夫ですか～？」

遠くから二人の女子高生が駆け寄って来るのが見えた。もちろんこの子たちが飛び出してきた訳ではない。

先輩は痛さよりも恥ずかしさが先に立ち、バイクを起こして逃げるように帰った。

運転中も腹部はキリキリと痛んだ。やっと帰った部屋で身を横たえていると、だんだんと痛みが激しくなり、とうとう動けなくなった。

救急車がやっと自宅に到着した頃には、意識を失いかけていた。

病院の検査では内臓破裂だという。すぐに緊急手術が行われた。しかし、手当ての甲斐なく、明け方近くに亡くなったというのだ。

先輩の母親の話はここまでだった。

無念の思いを、せめて学校の先生に知らせておきたかったのだろう。

それにしても、先輩が見たという〝人〟のようなものとは、何だったのだろう。

それからさらに月日が経った。

この因縁めいた話を、私自身が忘れかけていた二十年ほど前のこと。

家に一枚の案内状が届いた。

当時、私の卒業した高校の校舎が一部新築されることになり、OBとして心ばかりの寄付をしていた。

その新築校舎の完成記念として、記念講演が行われるというのだ。

当時、テレビ朝日で放送されていたニュース番組の人気キャスター、小宮悦子さんがゲストで来ることになっていた。

ど田舎といえる我が地元に、有名人などめったに来ることはない。これは見に行くしかないと、ワクワクしながら講演に行った。

講演会の後、OBの慰労会に参加した。

だが、見知った者が全然いない。つまらないから帰ろうかと思った時、ある二人の人物を見つけた。

昔、世話になった器械体操部の顧問だった先生と池田先輩だった。

「お久しぶりです」

常套の挨拶を交わしたが、その後はまったく話が続かない。

一年挟んだ先輩と後輩とでは、共通の話題などほとんどなかった。

結局、当時のクラブの話になったので、思い切って青木先輩のことに話題を振ってみた。

すると、池田先輩も、当時青木先輩から同じ話を聞いていたことがわかった。

ただ、池田先輩が知らなかった話もあったので、夏休み中に鉄棒が壊れて部員の落下事故があったのは、塚を見に行こうとした祟りだったかも知れないということを話した。

「へぇ、そんなことがあったんだ。そう言えば青木が亡くなる前に、何か家で嫌なものを見たと言ってたなぁ……」

何を見たのかは聞けなかったらしいが、青木先輩はのたうち回っていた部屋で〝何か〟を見たらしきことが判明した。

一気に忘れていた当時のあれやこれやが蘇えり、ブルーな気分になっていると、突然池田先輩は話を変えた。

「そうだ、千田っていただろう？　あいつ、どうなったか知ってるか？」

三年前のある日、テレビの地元ニュースでその名前を耳にしたらしい。

池田先輩と同じ年齢だったし、まず本人に間違いないという。

千田君は、不倫関係にあった飲み屋の女との別れ話がこじれていたらしい。話がもつれた挙げ句、なんと刃物を持ち出してしまった

ついには傷害事件を起こし重傷を負わせ、そのまま逃げたという。

二日後、山の中から自殺した姿で発見されたという。

こんな田舎では十年に一度あるかないかの大きな事件だった。覚えてはいたが、まさか青木先輩の友達だった千田君だったとは知る由もなかった。

「結局、塚に関わった四人とも亡くなっちまったんだなぁ……。偶然かも知れんが、大川君は一家全員だもんなぁ。無縁塚か……本当に怖いな」

池田先輩は真顔で述懐した。

それからさらに十年ほど経った夏の終わり。

大型台風の集中豪雨によって、墓地を三分の一ほど巻き込んだ土砂崩れと共に、その塚は流されて消えてしまった。

長い話になったが、これは四十年ほど前から二十年にわたって起きた本当の出来事である。

今でもあの日、池田先輩がぼそっと放った言葉が思い出される。

「無縁塚って、本当に怖いな」

投稿者　ワカメ（男性・長野県）

特別寄稿

遥けき彼岸と煩悩に満ちた此岸とを結ぶ選ばれし者たちが居る。
亡き者との縁を語り継ぎ、綴り続ける特異なる生業。
紡がれた渾身の怪異譚に震撼するもよし、救われるもよし。

クワガタの山

祟りや呪いは実在する。

じつは、この話を出すべきかどうか、かなり迷ったのだが……。


昔、クワガタ虫の中でオオクワガタが、高値で取引されることがあった。

大きさが八センチだと三十万という法外な値がつく。

こんなクワガタバブルのお陰で、私は車が買えるぐらい稼いでいた。


あれは梅雨時期の六月のある晩のこと。

弟と二人で、クワガタ捕りに京都の某所へ車を走らせた。夜の九時頃に現場に到着。

「この道に入ってみようか？」

車一台がやっとの林道をゆっくりと山の上へと走らせた。

対向車が来ないことを祈りながら、さらに進んでいった。道が左にカーブしている右側に、二本のクヌギの木を発見した。

クヌギはクワガタが好んで潜む木である。車を停め、懐中電灯片手に外に出る。

木にライトを這わせ、クワガタの姿を夢中で探した。

すると、かなり遠くの方から、聞いたこともない動物らしき鳴き声が聴こえてきた。

奇妙な鳴き声というか、何かを威嚇しているような感じ。

「猿かなぁ……？　それにしても気持ち悪い鳴き声やなぁ」

クワガタもいないし、気味が悪くなってきたので車に戻ろうとしたその時だった。

いつの間に近づいてきたのだろう、車のすぐ後ろからその異様な鳴き声がする。

それは私たちに帰れと言わんばかりに、ギャオォォォ〜、ギャオォォォォ〜！　と、けたたましく鳴き叫んでいる。

懐中電灯を声のする方に向けて照らす。

密林のような樹木の生い茂りが照らし出されるだけで、何の姿も確認できない。

その間も、何とも言えない奇妙な鳴き声は止むことがなかった。真っ暗の山の中で、そんな状況に陥ったことで、だんだん余裕がなくなっていった。

ふと、車に打ち上げ花火を積んでいることを思い出した。花火に火を点け、鳴き声のする辺りめがけて連発で打ち込んだ。

武器としては心許ないが、動物ならば花火の光と音に驚いて逃げるはず。

ところが、鳴き声は逃げるどころか、さらに近寄って来たような感じがした。

慌てて車に乗り込み、もう帰ろうということに。

だが、この場で車をUターンさせることは不可能だった。仕方なくさらに奥へと進む。

砂利道は車が通った形跡がなく、人の背丈ほどある雑草が行く手を阻んでいた。

ヘッドライトで何とか道らしき形跡を確認しながら、雑草をなぎ倒して慎重に進んだ。

というより、進むしかなかった。

この山道に入ってから、八キロは進んだろうか。不安に思いながらも、前方へ走っていくと、道が二手に分かれているところに出た。

(よし、ここでUターンできるぞ!)

何度もハンドルを切り返していると、ヘッドライトがクヌギの木を照らし出した。

やめとけばよかったのに、ここで欲が出た。車を降り、雑草を掻き分けて木に近づく。

懐中電灯の光芒が、たくさんのカブト虫やクワガタ虫を浮かび上がらせた。

それからは夢中だった。持ってきた虫籠に入りきらない状態だった。

ふと、木の反対側を見ると、暗がりの中に小屋らしきものの残骸があった。

小屋はかなり古い様子で、元は小さな家か作業小屋だったのかも知れない。建物の屋台骨は潰れてしまい、屋根は斜めに傾いていた。


その時だった。


フッ、フッ、フゥゥゥ……。

小屋の方から、年老いた女の声らしきものが聴こえた。


（……なんだ、今のは……？）

一瞬、ドキッとしたが、車のエンジン音が何かに反響したのだと思い、気を取り直してまたクワガタを探し続けた。

すると、また。

今度は小屋とは反対のクヌギの木辺りから、少し悲しげなさっきの女の声がした。

確実に人の声だと思った。と同時に、小屋の辺りから、ビシャッ！　と襖を閉めるような音がした。

背筋が凍りついた。とてつもなくヤバイことが起ころうとしていると思った。

これ以上この場所にいるのはまずい。

「おい、早く車に乗れ！　帰るぞ！」

弟に怒鳴るように告げ、急いで乗り込んで車を発進させた。

「どうしたんや？　急に慌てて？」

弟は何も気づいていない様子だった。

「お前、聴こえなかったんか？」

どうやら、あの不可解な声は自分にしか聴こえていなかったようだ。

弟に事情を説明しながら来た道を引き返す。

真っ暗闇の中をしばらく走って、何気なしにバックミラーを見た。リヤーウインドウの暗闇の奥に、何かが見えた。

ブレーキを踏む度に、ブレーキランプの赤灯がそれを捉える。


どうも人影のようなものが、ついてきているようだった。

弟が怖がるといけないので、黙ったまま車を走らせた。

それは、さっきの声の主だと思った。

一定の距離を保ってついて来る。一定の距離というのが意味ありげだった。

普通なら、ここで怖いと思い車の速度を上げるのだが、あえて速度を落としてみた。すると、人影も速度を落とす。

そんなことを繰り返しているうちに、やがて道はアスファルト舗装の分岐の所まで来た。

バックミラーを見ると、もうその人影は見えなかった。

やがて車は国道に出た。帰るつもりだったが、車が行き交う周りの日常的な光景のせいか、もう恐怖感はなかった。帰りがてら、もう一ヶ所寄っていくことにした。


現場に着いたのは、午前零時を少し回ったくらい。

ここはオオクワガタは期待できないが、ヒラタクワガタが多く捕れるポイントだった。

道の両側がクヌギ林なので、弟と左右に別れてクワガタを探した。

すると、弟が何を考えているのか、口笛を吹いて虫を探している。夜に口笛を吹くと何かを呼び寄せるといわれる。あまりいい気はしなかった。

「お前さぁ、こんな夜中に口笛吹いてたら、霊が寄って来るぞぉ」

虫捕りを終え、車に乗り込んでから冗談めかしてそう注意した。

「俺、吹いてないでぇ、兄貴が吹いてたん違うん？」

この一言で、さすがにこの日は怖くなった。


帰宅し、床についたのは午前二時半ぐらい。

うとうとしかけた頃、突然の金縛りに襲われた。凄い圧迫感と耳鳴りがして、目の玉以外動かすことができない。

ふと足元に目がいくと、何か蚊取り線香の煙のようなものが立ち上っている。

その煙が蚊取りマットの緑のランプに照らされ、妙に綺麗だった。しばらく固まったまま、ユラユラした煙のようなものを眺めていた。

すると、その煙のようなものが少しずつ変化しはじめた。

だんだんと、人の形になっていく。

足、膝、腰、背中……間違いなく人の形になっていく。

どうやら女のようだった。

後ろを向いている姿らしきことがわかった。煙のようなものは、完全に人の後ろ姿だとわかるようになると同時に、ゆっくりと振り向こうとしている。

（おお、これはヤバイ！　これは、絶対見ちゃいけない！）

直感的にそう思い、固く目を閉じた。

そのまま眠り落ちたようで、目を覚ました時は朝を迎えていた。

あの金縛りと人の姿は何だったのか、夢とは思えないほどはっきり覚えていた。

山の中でいろいろ怖いことがあって、その疲れが見せた幻かなと思った。


次の日、山の中で体験した怪異をこの町出身の友人に話した。

すると、友人は呆れ顔で言い放った。

「お前、ひょっとして、あの山へ？　上まで行ったのか？」

尋常じゃないほど驚いた顔をして反応する。

「よう行ったなぁ、あんな所。地元の人間でも絶対近寄らん所やぞ」

「何でや？　何かあるんか？」

気になるので尋ねてみると、因縁めいた話を聞かせてくれた。

「俺のお婆ちゃんから聞いた話やけどな、昔あの山の中腹に一軒家があったんや。お婆さんが一人で住んでいたらしいんや……」

それはよくある都市伝説めいた話だった。

ある時、物取りがその家を襲って、そのお婆さんを殺したらしい。知り合いがその家を訪ねて事件が発覚したという。

お婆さんは胸に斧が突き刺さった状態で死んでいたらしい。

それから、お婆さんの幽霊が出るという噂が立つようになった。山道を歩いていると、血だらけのお婆さんが叫びながら追いかけて来るとか。

その場所、その山には地元の人は絶対誰も近づかなくなった。

この凄惨な事件のことは、この辺りのお年寄りはみんな知っているが、祟りや呪いを怖れて誰も口にしないらしい。

あの物悲しそうな声の主は、殺された老婆だったのか……。

なんとなく、納得できる話ではあった。


それからしばらく経ったある日の晩。

同じクワガタ捕り仲間三人が家にやって来た。

「今から行きたいんやけど、どこかめちゃくちゃカブトやクワガタが捕れる所ない？」

しつこく訊くので、件の場所を教えた。

「そこは虫籠をたくさん持っていかんと入り切らんぞ。ただな、よく捕れる代わりにお化け出るかも知れんからな」

半分本気、半分冗談めかしてそう忠告した。

「お化け？　お化けなんか怖くないわ。大丈夫や」

彼らは笑いながら虫捕りに出発していった。

次の日、朝早く虫捕りに行った友人から電話がかかってきた。

「今から会えないか？」

そいつは昨夜、車を運転する役だったという。

「どうしたんや？　たくさん捕れたんか？」

「そんなことより、とにかくお前に話したいことがあるんや！」

余裕もなく、かなり焦っている様子だった。近くのファミレスで落ち合うことにした。

店に入ると、彼はどこか落ち着かない雰囲気で席に座っていた。

「たくさん捕れたやろ？　オオクワガタは捕れたんか？」

戦果を訊くと、彼はそれには答えず切羽詰ったように話し出した。

「ヤバイもん、見てしもたんや」

彼が言うには、クワガタを採取できたのは、道が左に曲がっている場所のクヌギの木だけだったそうで、その奥では車から降りてないらしい。

なぜかと思って訊くと、怖ろしい話をする。

ちょうど分かれ道の所で、Uターンしようとハンドルを何回か切り返していた。

車はヤンキー仕様で、ウインドゥにフイルムを貼っている。車内のイルミネーションがウインドゥに反射して外が見えなかった。

助手席の者に、木に当たらないよう窓を開けて外を見てくれと頼んだ。

友人が窓を下げると、映り込んでいた車内のイルミネーションがなくなり、真っ暗な闇に囲まれているのがわかった。

その時。

「何や、この光？」

友人が不思議そうに言う。

見ると窓から少し離れたところに、ピンポン球ぐらいの薄いオレンジ色の球体が、目の高さで浮いている。大きさや色からして蛍のはずがなかった。

ハンドルを切り返し、車を前後しているにもかかわらず、その球体は車の動きに合わせてピタリとついて来た。

（なんだよ、これ……？）

と思った瞬間だった。

その薄オレンジ色の球体が上下にゆらゆらしながら、急にバレーボールぐらいの大きさに膨れ上がった。

その球体の中に、口を大きく開けた女の顔が現れた。

車内の三人全員が見た。車内はパニック状態になった。

「うわぁ～、早く窓を閉めろ！」

「早く車を出せ！」

怒鳴るような声で言い合った。

後部座席にいる友人は頭を抱え、お経を唱えながらなぜか「ごめんなさい、ごめんなさい」

と謝っている。

助手席の友人は放心状態になっていた。

一刻も早く逃げ出そうと、思い切りアクセルを踏んだ。

車が滑って、後部が山肌を擦ったことも気にならなかったという。

震えながらそんな怪異を語った彼は、もう一つ話をつけ加えた。

幽霊らしきものを見たショックで、恐怖のあまり三人はコンビニの駐車場で、陽が昇るまで一緒にいたらしい。

辺りが明るくなってから家に帰り、彼は車を見て改めてゾッとした。

土埃で汚れた車のあちこちに、べったりと手形がついていたのだ。

紺色のメタリック車だったので、朝日に手形が浮き上がっていた。もちろん、あまりにも気持ち悪いので、すぐに洗車したらしい。

※

話はこれまでだが、じつは怖ろしい後日談がある。

冒頭で、崇りや呪いは実在すると書いたのはこのことである。

ある日、この一連の話を怪談好きの友人にしゃべった。

怖がりながら聞いていたが、その一週間後に思いもかけないことが起こった。

彼は高速道路で事故に遭い、ハンドルと座席シートに胸を挟まれ亡くなったのだ。

その時はもちろん、まだ祟りや呪いには結びつけなかった。

偶然の事故に遭遇してしまったのだろうと思っていた。

この話をしたことによる祟りや呪いの類であるなら、この話をした自分にまず何かが起こるはずだろう。

別のある日、ほかの友人二人にもこの話をした。

するとこの二人が、ほぼ同時期に重傷を負った。

一人は職場で、フォークリフトと壁に体を挟まれる事故。もう一人は信号待ちで停車中、後ろから追突された。玉突き衝突の真ん中になり、ハンドルで胸を強打した。

こうなるともう偶然とは思えなかった。

しかし、やっぱりどこかで腑には落ちていなかった。

話をした自分には、何事も起こっていないからだ。

だが、障りがあるかも知れない話をするのは、もうやめておこうと決めた。

しばらく経った頃、どこでこの話のことを嗅ぎつけたのか、この話をぜひ聞きたいという女性が現れた。

「この話はヤバイかも知れないから、聞かない方がいい」

何度も言ったが、逆に好奇心に火を点けたようだった。

「そう言われると、よけいに聞きたいですよ」

彼女はしつこく食いついてきた。

「私、お守りつけているから、絶対大丈夫です！」

自信満々で言う熱心さに負けて、すべてを話した。

数ヵ月後、彼女は車での出勤途中で事故に遭った。

なぜかエアーバックが作動せず、ハンドルで胸を強打して亡くなってしまった。

それ以来、この話は口にしていない。

書く分は大丈夫でも、口に出して話すと良くないことが起こるのだ。


じつは、今から七年前に命を賭けた実験を試みたことがある。

それは自分がこの話をしている姿をビデオカメラで撮影し、それを自分で見ること。

まるで「リング」のような話だが、どうしても試してみたかった。

話を聞いた人が事故に遭うならば、自分にも何かが起こるはずだと思い、自分のトークをテレビ画面で再生した。

カメラに話している時はそうでもなかったが、聞いてみると我ながら怖かった。

その二日後、それは起きた。

買って間もないバイクを試運転した。

慣れてないこともあったかも知れないが、まさかの転倒事故。あばら骨を骨折してしまった。間一髪で、後続のトラックにも轢かれるところだった。

やはりこの話、どこかに祟りを招く言霊があるのかも知れない。

じつは思い当たることが一つ。

この文面には書いてないが、非業の死を遂げたこの老婆の実名が、何らかの悪影響を引き起こしているのでは？　と思っている。

だから、もちろんここには老婆の名前を書かない。

一応念のため、この話だけは読み聞かせはしないでほしい。

渋谷泰志（盗撮ハンター）

停電

神戸の医療機器メーカーの慰安旅行でのNさん（38歳）の体験談です。

宴会場での豪華な夕食の後、部屋で同期の仲間六人と二次会をしていたNさん達、

「俺、ちょっとトイレに行ってくるわ」

「今、Kが入ってるぞ」

「えっ、でも、俺、我慢できないよ」

「お前、子供か！　それだったら、廊下にでも出たらトイレくらいあるだろ」

「お、おう！」

Nさんは大慌てで部屋を飛び出し廊下を走り、トイレを見つけると、早速、用を足すことに。

「ふぅ〜、間に合ったぁ〜」

その時、トイレの蛍光灯がプツンと音を立てて消えたのです。

「あれ？　停電か？　参ったな」

暗闇の中で小用を終えたNさん、手探り状態で廊下に出ると廊下も真っ暗です。

「全館停電か？　非常用の電源とかないのかな？」

暗闇の中、壁づたいになんとか自分の部屋に戻ったNさん、

「参ったよな〜、停電みたいだな。スグに電気が点けばいいけどな」

しかし、仲間からは何の返事もありません。

「おい、みんな、どうしたんだ？」

スマホの灯りで部屋を見渡すと、部屋は宴会の真っ最中の状態のままで、仲間達がいません。

「あれっ、停電になったから、心配して、みんなで俺を探しにでも行ったのかな？」

それなら、ウロチョロせずにこのまま部屋で待っていれば、そのうち戻ってくるはずです。

そう考えたNさんは真っ暗な部屋の中で仲間を待つことにしたんですが、五分経っても十分経っても誰も戻ってきません。

「おっかしいなぁ〜」

Nさんはスマホで連絡を取ろうとしたのですが、なぜか圏外。

「あれ～、さっきまでアンテナ四本とも立ってたのに。停電の影響かな」

少し心細くなったNさん、部屋を出て、まずはトイレ、そしてフロアを一回り。

「おかしいな？　いくら停電してるからって全く人の気配がないなんて……」

そう思ったNさんは、まずは現在の状況を聞いてみようと、フロントのある一階ロビーに向かったのですが、ロビーにもフロントにも誰もいません。

「どうなってるんだ？」

不安になったNさんは、恐る恐るホテルの外に出てみたそうです。


すると、温泉街は灯が消えて真っ暗。

振り返ってホテルを見ても真っ暗で、辺りは物音ひとつしていません。

「いくら停電中とはいえ、温泉街に誰一人歩いていないなんて、いったいどういう事だ？」

その時、静まり返った温泉街の通りの向こうから下駄の音が響いて来たのです。

カラン、コロン、カラン、コロン
姿は見えませんが、軽やかで優しい下駄の音……おそらくは女性なのでしょう。

カラン、コロン、カラン、コロン

「良かった。ちゃんと人がいるじゃないか」

その女性らしい軽やかで優しい下駄の音は、少しずつNさんに近づいてきます。

カラン、コロン、カラン、コロン
暗さにも目が慣れてきたのか、歩いてくる女性のシルエットが見えます。

浴衣を着ているので、どこかのホテルの宿泊客に違いありません。

女性は、真っ直ぐに彼の方に向かって来ます。

カラン、コロン、カラン、コロン
声が届く程度の距離まで近づいて来たので、女性に声を掛けようとしたNさんは、女性が彼に背中を向けていることに気付いたのです。

「な、何なんだ？」

そう、その女性はズッと後ろ向きに歩いて来ていたのです。

Nさんが唖然として見ていると、その女性は後ろ向きのままでホテルのエントランスに向って歩を進めていきます。彼には全く見向きもしません（まぁ、背中向きですからね）。

カラン、コロン、カラン、コロン
そして、女性がホテルのエントランスに入った瞬間、ホテルに灯りが戻り、温泉街も元の賑やかな灯りに包まれ、通りにはたくさんの湯治客が溢れんばかりになったのです。

「も、元に戻ったのか？　でも、急になぜ？　あの女……な、何なんだ？」

Nさんは何が起こっているのか全く分からず立ち尽くすしかありませんでした。

すると、そこへ先程の後ろ向きで歩いて行った浴衣の女性が、ホテルのエントランスから出てきたのです。

今度はちゃんと普通に前を向いて歩いてきます。街の灯に映る彼女は二十四～五歳くらいの清潔感のある魅力的な女性です。

カラン、コロン、カラン、コロン
彼女はNさんの横まで来るとクスッと笑い、Nさんの耳元で、

「私に会えて良かったね」

と囁くと温泉街の雑踏の中に消えて行ったのです。

Nさんは恐ろしくなって、大慌てでホテルのエントランスに向かって駆け出し、部屋に戻ると、

「おう！　早かったな。Kはまだトイレ入ってるぞ」

仲間たちはみんな、部屋で缶ビールを飲みながら寛いでいます。

「早かったって？　それどころじゃないだろ。さっき停電した時に……」

「停電なんかなかったぞ。それに、お前がトイレに行って一分ほどしか経ってないし」

「何だって？」

彼がスマホを見ると、確かに部屋を出てから一分ほど経っていなかったそうです。

ＭｏＭｏ（旅行添乗員）

蟹

行きつけの居酒屋で、こんな話を聞いた。

藤井さんは高校生のとき、野球部に所属していた。

大変熱心に取り組まれていたそうで、放課後、遅くまで練習に励んだのだという。

そのため帰りの電車では、疲れて眠り込んでしまうことも度々だった。

「でね、ある日のことなんだけど、降りる駅が近くなって『あっ、いけない』って、慌てて目を覚ましたんだよ。そしたらさ」

自分の足元の先に、女子生徒の華奢な学生靴が見えた。

その上には真っ白な靴下と、長いスカートの裾。

――驚いて、再び目を閉じた。

この時間帯、藤井さんの乗る電車はいつもガラガラに空いている。

現に、両隣の座席には誰も座っていない。

「とするとさ、座席は空いているのに、俺の前に女の子が立っているってことになるだろ。それって、ちょっとドキドキするって言うか……当然、俺に気があるんじゃないかって考える訳だよ。まぁ、うちは男子校で、女性に免疫もなかったしさ」

気恥ずかしさと緊張で、目が開けられなくなった。

しかし、そんなことをしているうちに、電車はどんどん目的の駅へと近づいてしまう。

勇気を奮い立たせて、決然と顔を上げた――が、誰もいない。

周囲を見回したが、車両内にそれらしき女生徒の姿はなかった。

「あれぇ?って、思ってさ。だって、さっき女の子の靴を見てから、それほど時間は経ってないし……だいたい、途中に停車した駅はなかったから」

ただそのときは、女の子が〈恥ずかしくなって〉別の車両に逃げ込んだのではないかと考えた。だとすると、どんな娘だったのか、確かめておきたかったと残念に思う。

が、その翌日も同じことが起こった。

やはり、部活帰りに電車内で目を覚ますと、足元に女子生徒の足が見える。

〈今日も来た〉と照れて寝たふりをしていると、いつの間にか何処かに行ってしまう。

そんなもどかしいことを、何回も繰り返した。

「いじらしいっていうかさ、すごく恥ずかしがり屋の娘なのかなって……まぁ、こっちも大概似たようなもんでさ。いま考えると、純情すぎて痛々しいよね」

だが、あるときそれを、同じクラスの友達に漏らしたことがあった。

すると友達は、「お前、その女の子、ちょっと変だよ」と言う。

「だってその娘、お前が寝ている間にだけ目の前に立っているんだろ。それって、ちょっと気持ち悪いっていうか……ふざけて、からかわれているんじゃないか？」

言われてみると、確かに〈おかしい〉とも思えてくる。

彼女を意識し始めてからだいぶ経つのに、声ひとつ掛けられたことはない。

それどころか、いまだにその女の子の足元から上を見たことがなかった。

第一、どんな理由があるにしても、寝ている他人の前に無言で立ち続けているというのは、いささか失礼な話でもある。

藤井さんは色々と考えた末、次は自分から話しかけてみようと決めた。


翌日、藤井さんは電車の座席に座って、目を瞑った。

そして、気づかれないように寝たふりをしていると、やがて女の子の靴が視界に入った。

〈……あの娘が来た〉と、緊張で鼓動が早くなる。

それでも〈今日こそは声を掛けよう〉と心を決め、学生靴から上へ視線を這わせた。

が、途中で女の子が見えなくなった。

腰元辺りまで視線を上げた途端に、〈すーっ〉と女の子が消えてしまったのである。

「えっ！」と、思わず声が漏れた。

「……本当にさ、まるで背景に溶けるみたいに消えちゃったんだよ。暫く唖然として……でも、さすがにこんな馬鹿なことあるはずがないし、自分の目が信じられなくなってさ」

もう一度だけ確かめてみようと、別の日に同じことをやった。

が、やはり女の子は、視線を上げると掻き消えてしまう。

〈これ、やっぱり幽霊なんだ……〉

がっかりするよりも、単純に怖いと感じた。

その後、藤井さんは乗車する車両を変えてしまい、座席にも座らなくなった。

そのおかげか、高校に通う間はあの〝幽霊〟を見ることはなくなったという。

それから十年近く経って、藤井さんが社会人として独り立ちした頃のことだ。

地元で高校の同窓会を開くと、同窓生から招待の手紙を貰った。

暫く地元に帰っていなかった藤井さんは、喜んで帰省した。

そして、懐かしい友人たちと旧交を温め合った後、その日は実家に帰ることにした。

帰りの電車内、ほろ酔い心地でついウトウトしてしまう。

そのとき、ふと見ると――足元の少し先に、学生靴がある。

瞬間的に〈あっ、これ、あのときの幽霊だっ！〉と、記憶が甦った。

が、いまとなっては別段に怖いとも思えなかった。

「酔って、少し気が大きくなっていたんだよ……だから、ちょっと好奇心というか、悪戯心が湧いてね」

咄嗟に、自分の両脛で女の子の足首を、強く挟み込んでやった。

いわゆる、〝蟹挟み〟のような形である。

すると、てっきり透けて空振りすると思っていた両足に、女の子の柔い弾力を感じた。

驚いたことに、幽霊の両足が藤井さんの〝蟹挟み〟に抑え込まれていたのである。

「女の子が少しジタバタしてさ、焦って、慌てている感じが伝わってきたんだよ。俺もさ、幽霊が捕まえられるなんて思っていなかったから、かえってびっくりしちゃって」

だが、消えないのであれば、今度こそ女の子の顔を拝むチャンスである。

酔っている勢いで、視線を女の子の上半身に向けた。

――頭部が、無かった。

毟り取ったように、女の子の首から上の部分が、すっぽりと断ち切れていたのである。

「うわぁっ！」と腰を抜かし、その拍子に両足を離してしまった。

それと同時に藤田さんの目の前から、首のない女の子が〈すうっ〉と消えた。

「いま考えると、少し可哀想なことをしたかなって思うんだ。あの娘がどんな亡くなり方をしたのかは知らないけど、好きで幽霊になった訳でもないだろうしね。ただね、寝ているときに……目の前に首のない女の子がずっと立っていたんだって思うとさ、あまりいい気持ちはしないよ」

そう言うと、藤井さんは苦笑いを浮かべた。

以来、あの女の子は見ていないのだという。

真白　圭（怪談作家）

あるよね

星田さんは、大阪に住む五十代の女性である。彼女は子供の頃から時折「自分にしか見えていないらしいもの」を見たり、奇妙な体験をしたりすることがあったという。

「見る」頻度にはムラがあり、多いときは一週間に二、三度、少ないときは数年に一度程度。怖いというよりは、「不思議だなぁ」「何だったんだろう」と首を傾げて終わる程度の、細やかな怪異だという。

そんな彼女が、二十年ほど前、体調を崩していた時期があったらしい。当時働いていた職場の人間関係に悩み、ストレスからうつ状態になったのだという。休職して病院に通い、薬とカウンセリングの効果で少しずつ楽になり始めた頃。

ある日二階の自室に入ろうとすると、畳の上に生首があった。

「ひいっ!」

思わず後ろに飛び退いた途端、すうっと生首は消えた。一瞬のことで、男か女かもわからない。顔の作りもはっきり見なかったらしい。土気色の大きい顔で、髪がだらりと垂れて畳に触れていたという。これまでそんなものを見たことはなかったし、「見る」こと自体数年ぶりのことだったので、「とにかくびっくりした」そうだ。

病気のせいなのだろうか、と星田さんは考えた。

「幽霊なんて存在しない」「本当に見えるなら、それは病気だ」そんな言葉も幾度か見聞きしたことがある。そうなのだろうか。気持ちが弱っているから、幻を見たのだろうか。そもそも、子供の頃から自分は何か変だったのだろうか。

もやもやした気持ちを抱え、半月に一度の診察日に病院に行った。カウンセラーがいつものように「この間、何かありましたか?」と聞く。星田さんと年が近いであろう、女性の臨床心理士である。

星田さんは思い切って打ち明けてみた。

「先生、私、先日幻覚を見ました」

どうせ「本当に生首を見たんです」と言っても、幻覚だと否定されるだけだ。それなら最初から幻覚だと言ったほうが早いと思った。

先生は一呼吸置いて、

「なぜ幻覚だと思ったんですか?」

と聞いてきた。

「だって、生首が部屋にあったんです。すぐ消えましたけど――そんなもの、現実にあるわけないじゃないですか」

彼女の言葉に、先生は小さく「ふぅん」と言った。そしてどんな生首だったか、なぜ生首だとわかったのかと重ねて尋ねてきた。彼女はそのときのことを思い出しながら、見たままを詳しく話した。話しながら、こんなことをまじめな顔で説明している自分がひどく「おかしな人間」に思えてきた。先生相手に何を言っているんだろう、私。馬鹿じゃないの。

ひとしきり話し終えて口を噤《つぐ》むと、先生も黙って星田さんを見ていた。

病状が悪化しているとか、別の病気の可能性があるとかいわれることを覚悟して、先生の言葉を待った。

先生は、

「何か――心霊っぽいですよね」

といった。

「は？」

星田さんは思わず聞き返した。何を言っているんだ、この先生――？

「私、そういうの、否定しないんです。というか、そういうのが普通に周りにある環境で育ったので、あると思っています」

先生はいたってまじめな顔でいう。

星田さんは戸惑った。

「普通に周りに――?」

先生は小さく頷き、記憶を辿るように話し始めた。


私は四国の小さな山村で生まれ育ちました。村にはオバアサンと呼ばれる古老がいて、占いや呪い、名付けなどをします。霊媒師や拝み屋さんみたいなものですが、みんなはただオバアサンと呼んでいました。探し物が見つからなかったら聞きにいく、子供の夜泣きを治してもらう、商売を始める時期はいつがいいかカミサマに聞いてもらう――それは特別なことではなく、日々の暮らしの中で当たり前にすることです。村の人は些細なことでも「ちょっと聞きにいく」といった気軽な感じで訪ねていきます。オバアサンにお世話になったことがない村人はいません。

私も生まれたときに母に連れていかれ、名前を付けてもらいました。マユミといいます。どういうわけかオバアサンは私をとても気に入ってくれたらしく、大変可愛がってくれました。私は学校帰りにちょくちょく用事もないのにオバアサンを尋ね、おやつをもらって、その日あったことを話したり、オバアサンの話を聞いたりしていました。

東京の大学に進むことになったとき、オバアサンはひどく寂しがりましたが、元気で頑張るようにといって見送ってくれました。

東京で一人暮らしをしていたのですが、「水が合わない」とでもいうか、日ごとに体調がおかしくなってきました。でも大学のカリキュラムはぎっしりつまっていて、課題も多く、ゆっくり体を休める余裕がありません。睡眠時間を削り、無理を重ねていたある日、夜中にひどい腹痛に襲われました。

お腹に鉄の棒を押し込まれたみたいに痛くて、動けない。腹痛に効く薬など持っていないし、ベッドから電話（当時は固定でした）まで移動することもできません。ただ布団を被ってじっとして、どうか痛みが引きますようにと祈るしかありませんでした。

突然電話が鳴り、びっくりしました。と同時に、数か月連絡を取っていなかった母の顔が浮かびました。私は必死にベッドから転がり出、脂汗を掻きながら這い進み、電話のところにいきました。受話器を取る前に鳴り止んだら、そこで気を失うだろう。そのまま死んでしまうかもしれないという思いが頭を過りました。何とか受話器を取ることができ、耳に当てた途端、

「マユミ、大丈夫？」

悲鳴のような母の声が聞こえました。でも答えようにも声が出ず、ただ呻くばかり。母が何かいっていますが、言葉が頭の中で意味と繋がらない。やがて通話が切れると、私はその場で気を失いました。

誰かに揺り動かされ、目を開けると、救急隊員の顔がありました。

私は救急車で病院に搬送され、助かりました。盲腸から腹膜炎になっていて、もう少し遅ければ命はなかったと医師に言われました。

翌日、母が飛んで来てくれました。

「夜中にオバアサンから電話があって、『マユミが大変だから、救急車に行ってもらえ！』っていうの。よくわからないけど、これはマユミの身に何か大変なことが起こってるんだと思って、電話したの。そしたら、あんた、ウンウン唸るだけじゃないの。これはオバアサンの言う通りだと、すぐ救急車に行ってもらったのよ」

何か月も会っていなくても、遠く離れていても、オバアサンにはわかるんだと自然に思えました。不思議なことでも、特別なことでもなく、「そういうもの」なのです。

動けるようになってすぐ、オバアサンにお礼の電話をしました。少しお小言をもらい、「無理するな、元気で」とお互いに言葉を掛け合いました。

私は医師が驚く早さで回復し、それからは体を壊すことなく、無事大学を卒業しました。

帰省する度にオバアサンを尋ねていましたが、私が大阪の病院に来て少しした頃、亡くなりました。

生まれたときからずっとそういうことが身近にあったので、同僚たちが何といおうと、私は否定する気になれないのです。だって――あるでしょう、「そういうこと」って。

先生はそう言って、微笑んだ。

星田さんは何だかとてもほっとして――

「ありますよね」

と答えたそうだ。

三輪チサ（怪談作家）

予知夢

名古屋に住んでいる雨森さんは、時々厭な夢を見る。

それは自分が血まみれになる夢。夢を見はじめたのは中学二年生の頃だったという。

ふと気付くと彼女は夢の中で、学校の廊下を友達の由里と並んで歩いている。

「イチ・ニイ・イチニィ・サンシィ！」窓の外から聞こえる声にそちらをみると、サッカー部がグランドをランニングしているのが見える。すると突然横にいる由里が「ねぇ雨森！　その手どうしたの！」と真っ青な顔で立ち止まったまま、雨森さんの左手を凝視している。

「えっ、なにが？」そう言いながら左手を持ち上げると、制服の肘から先がぐっしょりと血まみれになっていて、そこから垂れた血で、足元には大きな血だまりができている。

「いやぁぁっ！」大きな声を上げ、飛び跳ねるとそこは自分の部屋のベッドの上。慌てて左手を目の前にかざして確かめたが、血はおろか傷ひとつ無い。枕元の時計をみると朝の六時半を少し回ったところ。冬の日の出は遅く窓の外はまだ暗かったが、さすがにもう一度目を閉じる気にもなれない。いつもよりは少し早いが、彼女はベッドから起き上がると朝の支度を始めた。

その日の授業を終えた雨森さんは、予餞会の打ち合わせのため生徒会室へと向かっていた。

ウウウゥゥゥゥゥゥー

突然窓の外からサイレンの音が聞こえた。窓に駆け寄り外を覗くと、救急車が正門から中へ入ってくるのが見える。やがて救急車は通用口の前に横付けされると、それを待ってたかのように先生に抱えられた由里が現れた。見ると左手の袖口が覗いた手が、血で真っ赤に染まり、通用口から救急車までのコンクリートの上には点々と血の跡がついている。

雨森さんは急いで通用口まで走って行ったが、彼女がついた時にはすでに救急車は正門から走り去っていくところだった。

「由里さんね、トイレで手を洗っていたら突然鏡がわれたらしくてね、その破片が手に刺さったらしいのよ」救急車を見送る彼女を見付け、先生がそういった。

それ以来、雨森さんは時々血まみれになる夢を見るようになった。それは決まって誰かと一緒の夢で、自分が血まみれになると、夢に出てきた相手は同じ場所を怪我するというものだった。さすがに何度も続くので、雨森さんはそれを回避しようと夢の話を相手に何度か話したという。ところが話したところで怪我は避けることが出来ず、逆にその相手は気まずくなってしまう。そのため彼女は夢を見た直後は、相手に何があったか知らないで済むよう、あえて離れた場所へ行くようにすることにした。

そして十数年経った先日の事。

ここしばらく見ないで済んでいた夢を、雨森さんは久しぶりに見た。夢の中に出てきたのは、自分の母親だった。気がつけば茨城にある実家の居間で、母と一緒に昼食をとっている。テーブルの上には久しぶりに里帰りした雨森さんを迎えるため、母自慢の手料理がこれでもかと言うように並んでいる。箸を手に料理に目移りしていると、

「あんたニキビでも潰したの？」と母親が言う。

（えっ）箸を置いて顔に手をやると、鼻のすぐ右脇にニキビ特有の小さなしこりがあり、表面がニキビを潰したとき特有のぬるっとした感触がある。

「二〇も半ばになってニキビなんてね。若くないんだから潰したら傷残るわよ」夢の中の

母親はそう言って笑った。

翌朝、目を覚ました彼女は、夢の様子を思い出しくすりと笑った。「ニキビを潰したなんて、おかあさんらしいな」これまでひどい怪我の夢ばかりだっただけに、たまにこんな夢もあるんだなと思った。

ところが昼過ぎに、『おかあさんが事故に遭われ亡くなりました』と、実家近くの警察署から雨森さんに電話があった。

まさかと思いながらも大慌てで警察から教えられた病院へ駆けつけると、霊安室のベッドの上で横たわる母の姿があった。顔にのせてある白い布をめくると、頭を包帯でぐるぐると巻かれた母の顔があった。

「おかあさん……、どうして……」遺体にしがみつき冷たくなった母の顔に頬を寄せたときだった。母の鼻の右脇に小さな傷がある。それは1㎝にも満たないような出来たばかりの小さな傷。

「あの、この傷は……」雨森さんが側にいた警官に尋ねると「それは金属の入った跡です。検死結果では、おそらく路上に落ちていたネジをトラックかなにかが跳ね、それがたまたま歩道を歩いていたお母様の顔から脳まで貫通したのだろうと……」

と答えた。

幸い母親の死以降、雨森さんは血まみれの夢を見ていない。

西浦和也（怪談蒐集家）

続・廃村キャンプ

彦根市の山奥にある廃村でキャンプをし、廃屋から手紙類が入った紙箱を持って帰って一ヶ月ほど経った。

開けてはならない禁断の封印を破り、戦地からの手紙や葉書を丹念に読んでしまった。最後に出てきたのが、戦死を告げる訃報電報というのが重すぎたが、再び紙箱のふたを閉め、部屋の片隅に放置していた。


さて、この手紙類をどう処分したらいいものか、持って帰ったはいいものの、後処理には正直、困り果てていた。

そんな逡巡の日々を過ごしている間に、東京でのイベント出演が近づいていた。

その年は八月のお盆の週末とその翌週の週末に続けて予定が入っていた。

一つ目は八月半ばの土曜に出店が決まっているコミックマーケット。毎年、東京のビッグサイトで開かれるオタクの大イベントで、雲谷斎はここに怪談本やＣＤといった自費制作物を出して販売している。

その年も1ブースが当選し、物販する商品を事前に送ったり、値札やディスプレイの準備で忙しくしていた。

ただ、異常な暑さが続いたせいか、日頃の多忙のせいなのか、なんとなく体がダルいと感じる日々をおくっていた。思えば、ちょっとした体の変調は、手紙類を持って帰った直後から始まったような気もする。

根っからの楽天家の雲谷斎は、そのうちシャキっとするだろうと高を括っていた。


いよいよ明日の新幹線で、コミケ前乗りで東京へ行くという前夜。いつものように夜遅く就寝した。

どのぐらい時間が経ったのかはわからないが、深夜三時頃に目が覚めた。

軽くエアコンを入れているのに、普通じゃない熱さを感じた。寝返りを打とうとすると、体の節々がギシギシと痛い。それに体が重く、緩慢にしか動けなかった。

えっと思って、何気に額に手をやると異常に熱い。外の熱気とは違う、体の中から滲み出る嫌な熱だった。おまけに喉も痛い。これは夏風邪を引いてしまったのかと思った。

ボーッとする頭でまず思ったのは、明日からのコミケのことだった。

こんな状態で参加することなど叶わないと弱気になった。とりあえず熱を計ろうと、階下にふらつく足で降りていった。

少しでも体を冷まそうと冷たい水を飲み、体温計を腋に挟んだ。

ピピッという電子音が示した体温は三十九度もあった。これはしんどい訳だと思い、なんとかしなければと、薬箱を探った。

感冒薬や解熱剤があったので、重複もかまわず何錠かを水で流し込んだ。

しかし、この時点で明日のコミケはあきらめていた。こんな高熱で行けるわけがない。

倒れるようにベッドにまた身を横たえ、そのまま眠ってしまった。

驚いたことに、朝目が覚めると熱はほぼ平熱に下がっていた。昨夜、やけくそで飲んだ市販薬が効いたのだろうか。

理由はどうであれ、熱が下がったのなら東京には行ける。体の芯にはまだ全快を阻止するような陥穽《かんせい》を感じるが、とりあえず行動することにした。

コミケの熱気に翻弄されたのか、開会中は体調を気遣う暇もなかった。あっという間に閉会の時間となり、後片付けのあとあたふたと新幹線で京都を目指した。

疲れが出たせいもあり、本を読む気にもならず、車内ではほとんどうつらうつらと浅い眠りに身を委ねていた。

翌週の週末は、東京での怪談イベント『闇語りスペシャル』が控えている。なんとしても、一週間で体調を元に戻さなくてはならない。逆療法とばかりに、炎天下、二度三度と激しくテニスをした。滝のような汗を流すことで、これまでも初期の風邪などを粉砕してきた実績がある。

それが功を奏したのか、金曜にはほぼ体力を回復するまでになった……と、思っていた。お陰でイベントは満席の予約である。著名なゲストも招いているので、観客を満足させなければならない。いつものことだが、前日ともなればそんな武者震いのようなものもあり、心地よい興奮状態がやってくる。

新幹線は遅い午前の指定だから寝坊することもない。ざっと進行のおさらいをしてから眠りについた。

夜中だった。異常な気分の悪さで目が覚めた。

体中が熱を帯び、ぜいぜいというような呼吸をしていた。まるで、鉛に巻かれているかのように全身が重く、けだるい。

間違いなく発熱している様子。枕元の時計を確かめると、午前三時を過ぎた頃だった。

ふと、頭をよぎるのは、明日がイベントであるということ。

しかし、こんな重病人のような体調で行けるはずがない。ここは、レギュラー出演者のいたこ28号とゲストに頼むしかないのかと覚悟した。雲谷斎、急病につき出演は不可能。大失態であるが、病には勝てないと半ば諦めていた。

高熱で朦朧とした頭の記憶が一つだけ開いた。それはちょうど一週間前の深夜と、まったく同じ状況に陥っているということ。

これは偶然なのかと思った。偶然にしては、余りにも状況が酷似している。

雲谷斎は前回と同じように、また階下へ降りていき熱を計った。デジタルの文字は、やはり三十九度を表示している。

今度は無理だろうと思いながら、また市販薬を飲んだ。そして、気を失うようにベッドに臥せった。

またまた奇跡のようなことが起きた。

朝が来ると、ほぼ平熱に下がっている。鉛のような重さも脱ぎ捨てているようだった。

頭の芯が少しボヤッとし、喉がいがらっぽいが、なんとか声も出る。これならイベントに穴を空けずに済みそうだった。

一週間前と同じ顛末に、不思議さと一抹の不安を感じながら東京へと向かった。

イベント自体は、他の出演者の協力を得て、なんとか成功裏に終えることができた。正直なことを言うと、自分の中では体調異変も含めて、何か引っかかる因縁めいたものを感じていて、いつもよりテンションが低かったように思われた。

とはいえ、イベントに来てくれたお客さんたちは喜んで帰っていった。雲谷斎の内なる〝異変〟に気づいた人は誰もいないに違いない。


それから数日後、関西のネットスタッフ数人とスカイプで話す機会があった。

その多くが一緒に廃村キャンプへ行った者たちだった。話題はキャンプの思い出などで、面白おかしく話し合っていた。

誰かが「雲さん、そういえば持って帰った手紙はどうしたんですか?」と訊いてきた。

話を振られたので、一連の不可解な出来事のことを報告した。

みんなは黙ってそれを聞いていた。いつもの関西らしいきついツッコミも返ってこないし、話し終えても、う〜んと唸るような沈黙めいた反応しかなかった。

しばらくして、スタッフの一人が「その手紙が原因とちゃいますか?」と核心に触れることを指摘した。

じつは、雲谷斎も出来事が余りにもタイミングが良かったので、内心そうではないかと思っていた節があった。

「そう思うか？　あの手紙を持って帰ってから調子がパッとせんのや。誰や、持って帰れ言うたんは？」

「みんなヤメとけ言うたのに、雲さんが無理やり持って帰りはったんですがな」

軽いボケに想定どおりの言葉が返ってくる。

いつもならここからツッコミとボケの応酬で盛り上がるのだが、事が事だけに後が続かなかった。

「雲さん、その手紙返しに行った方がえんとちゃいますか？」

「靖国神社へ持って行ってお焚き上げしてもろたらどうです？」

みんな心配して、いろんな対処法を提案してくれる。

「スタッフみんなが、ちょっとずつ分け合って持つちゅうのはどや？」

もう一度、懲りずにボケてみたが、誰も乗ってこなかった。

「あほなこと言うてる場合ちゃいまっせ。返しに行くんやったら、車出しますよ」

キャンプの往復を同乗させてくれたスタッフのRが、乗りかかった舟とばかりに同行を申し出てくれた。

じつはあの日、彼の車に手紙の箱を無理やり忍ばせて持ち帰ったのだ。

数日後の休日。二人は廃村キャンプへの同じコースを車で走った。

彦根の山あいに入っていくと、早や秋の気配が辺りに満ちていた。空は真っ青に晴れ、緑の山々はどこまでも連なっている。窓を開けると、道路脇を流れるせせらぎの音や梢を渡る野鳥のさえずりがのんびりと届いてくる。

二人はなぜか無口なまま、廃村に近づいて行った。

車がやっと一台通れるほどの狭いくねくね道の先に、あの廃村が姿を見せた。

相変わらず人の気配はなく、静まり返った家々は墓標のごとく朽ちるに任されている。

車は廃村のいちばん奥に着いた。

雲谷斎が手紙の箱を持ち出した廃屋は、あの夜と同じように戸のない玄関を口のようにぱっくりと開け、白日の元で二人を飲み込もうとしていた。

降りそそぐ太陽光で辺りは眩しいくらいだが、廃屋の玄関の奥は漆黒の闇に閉ざされている。雨戸があらゆる開口部を閉ざしているからだ。

手紙の箱をかかえ、雲谷斎は一歩玄関に足を踏み入れた。

土間がジャリという足音を響かせる。目で家の奥を探っても、暗闇が支配するだけで何も見えてこない。

あの夜は懐中電灯で闇を照らしたが、今回はそれも用意していない。

ねっとりとした家の奥の闇が無性に怖かった。よくこんな家の中に入っていったものだと、我ながら呆れてしまった。

手紙の箱を見つけたのはいちばん奥の部屋だったが、すでにそこへ入っていく勇気は失せていた。

仕方なく、まだ外の陽光が届く場所に返すことにした。

「(すいませんでした。お返しします。ゆっくり眠ってください)」

心の中で、雲谷斎は殊勝にそう言葉をつむぎ、箱を棚の上に置いた。

これで、ひとつの区切りがついたと思った。

廃屋に手を合わせ、二度と侵入しないことを約してその場を去った。


……不思議である。

その日を境に、雲谷斎は体調がぐんぐん元へ戻っていった。

原因不明のけだるさも、しつこく続いていた微熱も、なんとなく感じていた気力の減衰も霧散していったのだ。

あれが〝障り〟のようなものだったのか、たまたま自分の体調不良と合致しただけのことだったのかは、今もってわからない。

しかし、不用意に魂や念のこもった品を持ち出すことは良くないことを、身を持って体感した事件ではあった。

雲谷斎（物書き。逢魔プロジェクト主宰）

◎本書はＷｅｂサイト「逢魔が時物語」に投稿されたものを編集、文庫化したものです。

文庫ぎんが堂

怖すぎる実話怪談
鬼哭の章

2018年6月20日　第1刷発行

編著者　結城伸夫＋逢魔プロジェクト

ブックデザイン　タカハシデザイン室

発行人　北畠夏影

発行所　株式会社イースト・プレス
〒101-0051　東京都千代田区神田神保町2-4-7　久月神田ビル
TEL 03-5213-4700　FAX 03-5213-4701
http://www.eastpress.co.jp/

印刷所　中央精版印刷株式会社

ISBN978-4-7816-7170-3

文庫ぎんが堂

怖すぎる実話怪談　異形の章
結城伸夫＋逢魔プロジェクト
死んだはずの友人からかかってきた電話、事故現場に佇む不思議な男、こっくりさんが示した謎の文章、興味本位で訪れた心霊スポットでの怪異、怪談イベントで披露された不気味な市松人形……じわじわと恐怖が近づいてくる52話を収録。
定価 本体667円＋税

怖すぎる実話怪談　呪詛の章
結城伸夫＋逢魔プロジェクト
ガラス窓越しにこちらを見つめる顔、「首をとられた」と突如喚き出すクラスメイト、無人の教室で録音されたカセットテープ、人の死を知らせるというフクロウ、廃村の土蔵で過ごした恐ろしい一夜……身の毛もよだつ怪異体験60話を収録。
定価 本体667円＋税

怖すぎる実話怪談　怨嗟の章
結城伸夫＋逢魔プロジェクト
小学校の女子トイレから這い出てきた髪の毛、深夜に突如聞こえてくる子どもたちの声、義母のもとに訪れる姿の見えない客、立ち入り禁止区内に佇んでいる猫……恐怖サイトに届けられた怪異体験の数々。怪談の語り部たちによる特別寄稿も収録。
定価 本体667円＋税